dtv

Der alttestamentliche Hiob, von Gott um einer Wette mit dem Teufel willen von schrecklichen Schicksalsschlägen heimgesucht, hat sich gegen Gott empört, wie es bis dahin noch kein Mensch gewagt hatte. Das Buch Hiob galt C. G. Jung als ein Markstein auf dem langen Entwicklungsweg der Menschwerdung Gottes, denn hier enthüllt sich Gott in seiner ganzen Widersprüchlichkeit, in maßlosem Zorn, voller Ungerechtigkeit und Grausamkeit. In diesem Spätwerk – ›Antwort auf Hiob‹ erschien 1952 – wirft C. G. Jung mit elementarer Wucht Grundfragen des Gottesbildes auf und summiert die religionspsychologischen Überlegungen, die sich durch sein ganzes Werk ziehen. Nicht theologisches oder historisches Interesse leiteten ihn, sondern die Frage nach der religiösen Grundbefindlichkeit der Seele. Für ihn ist Gott eine »superiore Gewalt in der menschlichen Seele«, eine metaphysische Projektion menschlichen Bewußtseins, die als kollektives Unbewußtes im Menschen wirkt: Gott als im Menschen und der Mensch in Gott eingebettet. Die Aussagen der Bibel sind für ihn Äußerungen der Seele, und in der Entwicklung des Gottesbildes sieht er den Weg der menschlichen Selbsterkenntnis als Prozeß der Selbstwerdung, als Selbstbewußtwerdung des Menschen.

Carl Gustav Jung wurde am 26. Juli 1875 in Kesswil in der Schweiz geboren. Er studierte Medizin und arbeitete von 1900 bis 1909 an der psychiatrischen Klinik der Universität Zürich (Burghölzli). 1905 bis 1913 Dozent an der Universität Zürich, 1933 bis 1942 Titularprofessor an der ETH und 1943 Ordentlicher Professor für Psychologie in Basel. Jung gehört mit Sigmund Freud und Alfred Adler zu den drei Wegbereitern der modernen Tiefenpsychologie. Er entwickelte nach der Trennung von Sigmund Freud (1913) die eigene Schule der Analytischen Psychologie. C. G. Jung starb am 6. Juni 1961 in Küsnacht.

C. G. Jung

Antwort auf Hiob

Deutscher Taschenbuch Verlag

C. G. Jung-Taschenbuchausgabe in elf Bänden
(auch als Kassette erhältlich, dtv 59016)
Herausgegeben von Lorenz Jung
auf der Grundlage der Ausgabe
›Gesammelte Werke‹

Die Beziehungen zwischen dem Ich und dem Unbewußten
Antwort auf Hiob
Typologie
Traum und Traumdeutung
Synchronizität, Akausalität und Okkultismus
Archetypen
Wirklichkeit der Seele
Psychologie und Religion
Die Psychologie der Übertragung
Seelenprobleme der Gegenwart
Wandlungen und Symbole der Libido

1. Auflage Februar 1990
4. Auflage April 1997
Deutscher Taschenbuch Verlag GmbH & Co. KG, München
© 1971–1990 Walter-Verlag AG, Olten
Umschlagkonzept: Balk & Brumshagen
Umschlagbild: ›Schiffe im Dunkeln‹ (1927) von Paul Klee
(Bayerische Staatsgemäldesammlungen/© VG Bild-Kunst, Bonn 1996)
Gesamtherstellung: C. H. Beck'sche Buchdruckerei, Nördlingen
Gedruckt auf säurefreiem, chlorfrei gebleichtem Papier
Printed in Germany · ISBN 3-423-35121-7

Inhalt

Lectori benevolo 7

Antwort auf Hiob 13
  1. 14
  2. 19
  3. 32
  4. 43
  5. 45
  6. 48
  7. 52
  8. 55
  9. 58
 10. 61
 11. 64
 12. 74
 13. 79
 14. 89
 15. 93
 16. 96
 17. 97
 18. 103
 19. 105
 20. 113

Bibliographie der genannten Werke 115
Quellennachweis 117
Übersicht der Ausgabe ›Gesammelte Werke‹ von C. G. Jung . 118
Register der Bibelstellen 123
Namenregister 125

Lectori benevolo

> Doleo super te frater mi ...
> 2. Samuel 1,26

Meine Schrift bedarf, um ihres etwas ungewöhnlichen Inhaltes willen, eines kurzen Vorwortes, welches mein Leser nicht übersehen möge. Es wird nämlich im folgenden von ehrwürdigen Gegenständen des religiösen Glaubens die Rede sein, und wer immer solche Reden führt, läuft Gefahr, zwischen jenen beiden Parteien, die sich um eben diese Gegenstände streiten, in Stücke gerissen zu werden. Der Streit beruht auf der eigentümlichen Voraussetzung, daß etwas nur dann »wahr« sei, wenn es sich als eine *physische* Tatsache darbiete oder dargeboten habe. So wird zum Beispiel die Tatsache, daß Christus von einer Jungfrau geboren worden sei, von den einen als physisch wahr geglaubt, von den anderen aber als physisch unmöglich bestritten. Jedermann kann sehen, daß dieser Gegensatz logisch unlösbar ist, und daß man darum besser daran täte, dergleichen unfruchtbare Dispute zu unterlassen. Beide nämlich haben recht und unrecht und könnten sich leicht einigen, wenn sie nur auf das Wörtchen »physisch« verzichten wollten. »Physisch« ist nicht das einzige Kriterium einer Wahrheit. Es gibt nämlich auch *seelische* Wahrheiten, die sich physisch weder erklären noch beweisen oder bestreiten lassen. Wenn zum Beispiel ein allgemeiner Glaube vorhanden wäre, daß der Rhein zu irgendeiner Zeit einmal von der Mündung aufwärts in seine eigene Quelle zurückgeflossen sei, so ist dieser Glaube an sich eine Tatsache, obschon dessen Aussage, physisch verstanden, als äußerst unglaubwürdig gelten muß. Ein solcher Glaube bildet eine seelische Tatsache, die nicht zu bestreiten ist und keines Beweises bedarf.

Zu dieser Art gehören die religiösen Aussagen. Sie beziehen sich samt und sonders auf Gegenstände, die physisch nicht feststellbar sind. Täten sie es nicht, so würden sie unweigerlich in den Bereich der Naturwissenschaft fallen, um von dieser als unerfahrbar kassiert zu werden. Als auf Physisches Bezügliches haben sie überhaupt keinen Sinn. Sie wären bloße Wunder, die an sich schon dem Zweifel ausgesetzt sind, und könnten die Wirklichkeit eines Geistes, das heißt eines *Sinnes*, doch nicht beweisen, denn der Sinn erweist sich immer aus sich selbst. Der Sinn und Geist Christi ist uns gegenwärtig und vernehmlich auch ohne Wunder. Letztere appellieren nur an den Verstand solcher, die den Sinn nicht erfassen können. Sie sind ein bloßer Ersatz für die nicht verstandene Wirklichkeit des Geistes. Damit soll nicht bestritten werden, daß dessen lebendige Gegenwart nicht etwa gelegentlich von wunderlichen physischen Ereignissen begleitet ist, sondern es soll nur betont sein, daß diese die allein wesentliche Erkenntnis des Geistes weder ersetzen noch bewerkstelligen können.

Die Tatsache, daß die religiösen Aussagen oft sogar im Gegensatz zu den physisch beglaubigten Erscheinungen stehen, beweist die Selbständigkeit des Geistes gegenüber der physischen Wahrnehmung und eine gewisse Unabhängigkeit der seelischen Erfahrung von den physischen Gegebenheiten. *Die Seele ist ein autonomer Faktor,* und religiöse Aussagen sind seelische Bekenntnisse, die in letzter Linie auf unbewußten, also transzendentalen Vorgängen fußen. Letztere sind der physischen Wahrnehmung unzugänglich, beweisen aber ihr Vorhandensein durch entsprechende Bekenntnisse der Seele. Diese Aussagen werden durch das menschliche Bewußtsein vermittelt, beziehungsweise in anschauliche Formen gebracht, welche ihrerseits mannigfachen Einflüssen äußerer und innerer Natur ausgesetzt sind. Daher kommt es, daß, wenn wir von religiösen Inhalten reden, wir uns in einer Welt von Bildern bewegen, welche auf ein Ineffabile hindeuten. Wir wissen nicht, wie deutlich oder wie undeutlich diese Bilder, Gleichnisse und Begriffe hinsichtlich ihres transzendentalen Gegenstandes sind. Sagen wir zum Beispiel »Gott«, so äußern wir ein Bild oder einen Wortbegriff, der im Laufe der Zeit viele Wandlungen erlebt hat. Dabei sind wir außerstande, mit irgendwelcher Sicherheit anzugeben – es sei denn durch den Glauben –, ob diese Veränderungen nur Bilder und Begriffe oder das Unaussprechliche selber betreffen. Man kann sich ja Gott ebensowohl als ewig strömendes, lebensvolles Wirken, das sich in unendlichen Gestalten abwandelt, wie als ewig unbewegtes, unveränderliches Sein vorstellen. Unser Verstand ist sich nur des einen gewiß, daß er nämlich Bilder handhabt, Vorstellungen, die von der menschlichen Phantasie und deren zeitlicher und örtlicher Bedingtheit abhängen und sich daher in ihrer Jahrtausende alten Geschichte vielfach gewandelt haben. Unzweifelhaft liegt diesen Bildern ein bewußtseinstranszendentes Etwas zugrunde, welches bewirkt, daß die Aussagen nicht schlechthin grenzenlos und chaotisch variieren, sondern erkennen lassen, daß sie sich auf einige wenige Prinzipien beziehungsweise Archetypen beziehen. Diese sind, wie die Psyche selber, oder wie die Materie, an sich unerkennbar, und es lassen sich davon nur Modelle entwerfen, von denen wir wissen, daß sie unzulänglich sind; was durch die religiösen Aussagen auch immer wieder bestätigt wird.

Wenn ich mich also im nachfolgenden mit diesen »metaphysischen« Gegenständen beschäftige, so bin ich mir völlig bewußt, daß ich mich dabei in der Bilderwelt bewege, und daß keine einzige meiner Überlegungen an das Unerkennbare rührt. Ich weiß zu gut, wie beschränkt unser Vorstellungsvermögen ist – von der Enge und Armut unserer Sprache schon gar nicht zu reden –, als daß ich mir einbilden könnte, meine Aussagen bedeuteten prinzipiell mehr, als wenn ein Primitiver meint, sein Rettergott sei ein Hase oder eine Schlange. Obschon unsere ganze religiöse Vorstellungswelt aus anthropomorphen Bildern besteht, die als solche einer rationalen Kritik niemals standhalten könnten, so darf man darüber doch nicht vergessen, daß sie auf *numinosen Archetypen* beruhen, das heißt auf einer emotionalen Grundlage, welche sich für die kritische Vernunft als unangreifbar erweist. Es handelt sich hier um seelische Tatsachen, die man nur übersehen, aber nicht wegbeweisen kann. Darum hat in dieser Hinsicht schon Tertullian mit Recht das Zeugnis der Seele angerufen. In seiner Schrift ›De testimonio animae‹ sagt er:

»Je wahrer diese Zeugnisse der Seele sind, desto einfacher sind sie, je einfacher desto allgemeiner üblich, je üblicher desto kollektiver, je kollektiver desto natürlicher, je natürlicher desto göttlicher. Ich glaube, daß sie niemandem unbedeutend und sinnlos erscheinen können, wenn man die Majestät der Natur betrachtet, von der die Autorität der Seele stammt. Was man der Lehrerin gewährt, wird man auch der Schülerin zuerkennen. Die Natur ist die Lehrerin, die Seele die Schülerin. Was jene gelehrt oder diese erlernt hat, wurde ihnen von Gott gegeben, der eben der Lehrmeister der Lehrerin selber ist. Was die Seele von ihrem obersten Lehrmeister in sich aufnehmen kann, kannst du mittels deiner eigenen Seele in dir beurteilen. Erfühle die, die ja dein Fühlen bewirken: denke von ihr, daß sie bei die Zukunft andeutenden Ereignissen deine Seherin, bei Vorzeichen deine Deuterin und bei den Ergebnissen deine Schützerin ist. Wie wunderbar, wenn die von Gott Gegebene dem Menschen weissagen kann. Noch wunderbarer, wenn sie ihn, von dem sie gegeben wurde, erkennt.«[1]

Ich gehe einen Schritt weiter und betrachte auch die Aussagen der Heiligen Schrift als Äußerungen der Seele, auf die Gefahr hin,

---

[1] Tertullian: De testimonio animae, Kapitel V, in: Migne: Patr. lat. I, col. 615f. (Haec testimonia animae quanto vera, tanto simplicia; quanto simplicia, tanto vulgaria; quanto vulgaria, tanto communia; quanto communia, tanto naturalia; quanto naturalia, tanto divina. Non putem cuiquam frivolum et frigidum videri posse, si recogitet naturae majestatem, ex qua censetur auctoritas animae. Quantum dederis magistrae, tantum adjudicabis discipulae. Magistra natura, anima discipula. Quicquid aut illa edocuit, aut ista perdidicit: a Deo traditum est, magistro scilicet ipsius magistrae. Quid anima possit de principali institutore praesumere, in te est aestimare de ea quae in te est. Senti illam, quae ut sentias efficit! recogita in praesagiis vatem, in ominibus augurem, in eventibus prospicem. Mirum si a Deo data homini, novit divinare. Tam mirum, si eum a quo data est, novit).

des Psychologismus verdächtigt zu werden. Wennschon die Aussagen des *Bewußtseins* Täuschungen, Lügen und sonstige Willkürlichkeiten sein können, so ist dies mit den Aussagen der *Seele* keineswegs der Fall: Sie gehen zunächst immer über unseren Kopf hinweg, indem sie auf bewußtseinstranszendente Wirklichkeiten verweisen. Diese *entia* sind die Archetypen des kollektiven Unbewußten, welche Vorstellungskomplexe in der Art mythologischer Motive verursachen. Vorstellungen dieser Art werden nicht erfunden, sondern treten zum Beispiel in Träumen als fertige Gebilde in die innere Wahrnehmung. Es sind spontane Phänomene, die unserer Willkür entzogen sind, und man ist daher berechtigt, ihnen eine gewisse Autonomie zuzuschreiben. Sie sind deshalb nicht nur als Objekte zu betrachten, sondern auch als eigengesetzliche Subjekte. Man kann sie natürlich vom Standpunkt des Bewußtseins aus als Objekte beschreiben und bis zu einem Grade auch erklären, wie man einen lebenden Menschen in demselben Maße beschreiben und erklären kann. Man muß dabei allerdings von ihrer Autonomie absehen. Zieht man diese aber in Betracht, so müssen sie notgedrungenerweise als Subjekte gehandhabt werden, das heißt, es muß ihnen Spontaneität und Absichtlichkeit beziehungsweise eine Art von Bewußtsein und von liberum arbitrium, von freiem Willen, zuerkannt werden. Man beobachtet ihr Verhalten und berücksichtigt ihre Aussagen. Dieser doppelte Standpunkt, den man jedem relativ selbständigen Organismus gegenüber einnehmen muß, ergibt natürlich ein doppeltes Resultat, einesteils einen Bericht darüber, was ich mit dem Objekt tue, andererseits darüber, was es (eventuell auch mit mir) tut. Es ist klar, daß diese nicht zu umgehende Doppelheit im Kopf meines Lesers zunächst einige Verwirrung stiften wird, und dies in besonderem Maße, als wir es im folgenden mit dem Archetypus der Gottheit zu tun haben werden.

Sollte sich jemand versucht fühlen, zu den Gottesbildern unserer Anschauung ein »Nur« zu setzen, so käme er in Widerstreit mit der Erfahrung, welche die außerordentliche Numinosität dieser Bilder über allen Zweifel hinaus dartut. Die außerordentliche Wirksamkeit (= Mana) derselben ist sogar derart, daß man nicht bloß das Gefühl hat, damit auf das *ens realissimum* hinzudeuten, sondern vielmehr überzeugt ist, dasselbe auch auszusprechen und sozusagen zu setzen. Dadurch wird die Diskussion ungemein erschwert, wenn nicht unmöglich. Man kann sich ja in der Tat die Wirklichkeit Gottes nicht anders vor Augen führen, als unter Benützung meist spontan entstandener oder durch Tradition geheiligter Bilder, deren psychische Natur und Wirkung der naive Verstand noch nie von deren unerkennbarer metaphysischer Grundlage getrennt hat. Er setzt ohne weiteres das wirkungskräftige Bild in eines mit dem transzendentalen X, auf welches es hinweist. Die scheinbare Berechtigung dieses Vorgehens leuchtet unmittelbar ein und kommt als Problem nicht in Betracht, solange keine ernstlichen Einwände gegen die Aussage erhoben werden. Liegt aber ein Anlaß zur Kritik vor, dann muß man sich daran erinnern, daß Bild und Aussage psychische Vorgänge und von ihrem transzendentalen Gegenstand verschieden sind; sie setzen ihn nicht, sondern deuten ihn bloß an. Im Bereiche psychischer Vorgänge sind aber Kritik und Auseinandersetzung nicht nur gestattet, sondern sogar unumgänglich.

Was ich im folgenden versuchen werde, stellt eine Auseinandersetzung mit gewissen überlieferten religiösen Vorstellungen dar. Da ich es mit numinosen Faktoren zu tun habe, so sind nicht nur mein *Intellekt,* sondern auch mein *Gefühl* in die Schranken gefordert. Ich kann mich daher nicht kühler Objektivität bedienen, sondern muß meine emotionale Subjektivität zum Worte kommen lassen, um jenes darzustellen, das ich empfinde, wenn ich gewisse Bücher der Heiligen Schrift lese oder wenn ich mich an die Eindrücke erinnere, die ich von unserer Glaubenslehre empfangen habe. Ich schreibe nicht als Schriftgelehrter (der ich nicht bin), sondern als Laie und als Arzt, dem es vergönnt war, tiefe Einblicke in das Seelenleben vieler Menschen zu tun. Was ich ausspreche, ist zwar zunächst meine persönliche Auffassung, aber ich weiß, daß ich zugleich auch im Namen vieler spreche, denen es ähnlich ergangen ist wie mir.

Antwort auf Hiob

Das Buch Hiob ist ein Markstein auf dem langen Entwicklungswege eines göttlichen Dramas. Als das Buch entstand, lagen schon vielerlei Zeugnisse vor, welche ein widerspruchsvolles Bild Jahwes entworfen hatten, nämlich das Bild eines Gottes, der maßlos war in seinen Emotionen und an eben dieser Maßlosigkeit litt. Er gab es sich selber zu, daß ihn Zorn und Eifersucht verzehrten und daß ihm dieses Wissen leidvoll war. Einsicht bestand neben Einsichtslosigkeit, wie Güte neben Grausamkeit und wie Schöpferkraft neben Zerstörungswillen. Es war alles da, und keines hinderte das andere. Ein derartiger Zustand ist uns nur denkbar, wenn entweder kein reflektierendes Bewußtsein vorhanden ist, oder wenn die Reflexion ein bloß ohnmächtig Gegebenes und Mitvorkommendes darstellt. Ein Zustand, der solchermaßen beschaffen ist, kann nur als *amoralisch* bezeichnet werden.

Wie die Menschen des Alten Testamentes ihren Gott empfanden, davon wissen wir durch die Zeugnisse der Heiligen Schrift. Doch nicht darum soll es sich hier handeln, sondern vielmehr um die Art und Weise, wie ein christlich erzogener und gebildeter Mensch unserer Tage sich mit den göttlichen Finsternissen, die sich im Hiobbuch enthüllen, auseinandersetzt, beziehungsweise wie diese auf ihn wirken. Es soll keine kühl abwägende, jeder Einzelheit gerecht werdende Exegese gegeben, sondern eine subjektive Reaktion dargestellt werden. Damit soll eine Stimme laut werden, die für viele, welche Ähnliches empfinden, spricht, und es soll eine Erschütterung zum Worte kommen, welche von dem durch nichts verschleierten Anblick göttlicher Wildheit und Ruchlosigkeit ausgelöst wird. Auch wenn wir um den Zwiespalt und das Leiden in der Gottheit wissen, so sind sie doch dermaßen unreflektiert und daher moralisch unwirksam, daß sie kein verständnisvolles Mitgefühl, sondern einen ebenso unreflektierten wie nachhaltigen Affekt erregen, welcher einer Wunde gleichkommt, die nur langsam heilt. Wie die Wunde der verletzenden Waffe entspricht, so der Affekt der verursachenden Gewalttat.

Das Buch Hiob spielt nur die Rolle eines Paradigmas für die Art und Weise eines Gotteserlebnisses, das für unsere Zeit eine ganz besondere Bedeutung besitzt. Derartige Erfahrungen befallen den Menschen sowohl von innen wie von außen, und es hat keinen Zweck, sie rational umzudeuten und damit apotropäisch abzuschwächen. Man gibt sich besser den Affekt zu und unterwirft sich seiner Gewalt, als daß man sich seiner durch allerhand intellektuelle Operationen oder durch gefühlsmäßige Fluchtbewegungen entledigt. Obschon man durch den Affekt alle schlechten Eigenschaften der Gewalttat nachahmt und sich dadurch desselben Fehlers schuldig macht, so ist dies doch eben gerade der Zweck solchen Geschehens: Es soll in den Menschen eindringen, und er soll dieser Wirkung unterliegen. Er muß daher affiziert sein, denn sonst hat die Wirkung ihn nicht erreicht. Er soll aber wissen oder vielmehr kennenlernen, was ihn affiziert hat, denn damit wandelt er die Blindheit der Gewalt einerseits und des Affektes andererseits in Erkenntnis.

Aus diesem Grunde werde ich im folgenden ungescheut und rücksichtslos dem Affekte das Wort lassen und auf Ungerechtigkeit Ungerechtes antworten, damit ich verstehen lerne, warum oder wozu Hiob verwundet wurde und welche Folgen aus diesem Geschehnis für Jahwe sowohl wie für den Menschen erwachsen sind.

1.

Auf Jahwes Rede antwortet Hiob:

> Siehe, ich bin zu gering, was soll ich dir antworten?
> Ich lege die Hand auf meinen Mund.
> Einmal habe ich geredet und wiederhole es nicht,
> zweimal, und tue es nicht wieder.[1]

In der Tat, im unmittelbaren Anblick unendlicher Schöpferkraft ist dies für einen Zeugen, dem der Schreck beinahe völliger Vernichtung noch in allen Gliedern liegt, die einzig mögliche Antwort. Wie könnte ein im Staub kriechender, halbzertretener Menschenwurm unter den obwaltenden Umständen überhaupt vernünftigerweise anders antworten? Trotz seiner erbärmlichen Kleinheit und Schwäche weiß dieser Mensch, daß er einem übermenschlichen Wesen, das persönlich äußerst empfindlich ist, gegenübersteht und darum auf alle Fälle besser daran tut, sich aller kritischen Überlegungen zu enthalten, nicht zu sprechen von gewissen moralischen Ansprüchen, die man auch einem Gott gegenüber glaubt haben zu dürfen.

Jahwes Gerechtigkeit wird gepriesen. Vor ihn, als den gerechten Richter, könnte Hiob seine Klage und die Beteuerung seiner Unschuld wohl vorbringen. Aber er zweifelt an dieser Möglichkeit:

---

[1] Hiob 39,34f.

»... wie kann ein Mensch Recht haben vor Gott? ... Wollte ich ihn vor Gericht ziehen, er stünde nicht Rede ... gilt es das Recht: wer will ihn vorladen?« Ohne Grund schlägt er ihm »viele Wunden ... Schuldlose wie Schuldige vernichtet er! Wenn seine Geißel plötzlich tötet, so lacht er der Verzweiflung der Unschuldigen ... ich weiß«, spricht Hiob zu Jahwe, »daß du mich nicht ledig sprichst. Ich soll ja (nun einmal) schuldig sein«. Wenn er sich schon reinigte, so würde Jahwe ihn »in Unrat tauchen ... Denn er ist nicht ein Mensch, wie ich, daß ich ihm erwiderte, daß wir zusammen vor Gericht gingen«.[2] Hiob will aber seinen Standpunkt vor Jahwe erklären, seine Klage erheben, und sagt ihm, er wisse ja, daß er, Hiob, unschuldig sei, und daß ihn »niemand errettet aus deiner Hand«.[3] Es »gelüstet« ihn, »mit Gott zu rechten«.[4] Er will ihm seine Wege »ins Angesicht dartun«.[5] Er weiß, daß er »im Rechte« ist. Jahwe sollte ihn vorladen und ihm Rede stehen oder ihn wenigstens seine Klage vorbringen lassen. In richtiger Einschätzung des Mißverhältnisses zwischen Gott und Mensch stellt er ihm die Frage: »Willst du ein verwehtes Blatt erschrecken und einen dürren Halm verfolgen?«[6] Gott hat sein »Recht gebeugt«.[7] Er hat ihm sein »Recht genommen«. Er achtet nicht des Unrechtes. »... bis ich verscheide, beharre ich auf meiner Unschuld. An meiner Gerechtigkeit halte ich fest und lasse sie nicht.«[8] Sein Freund Elihu glaubt nicht an die Ungerechtigkeit Jahwes: »Gott tut nicht Unrecht, und nicht verdreht der Allmächtige das Recht«[9] und begründet diese Ansicht unlogischerweise mit dem Hinweis auf die *Macht*; man wird zum König auch nicht sagen: »Du Nichtswürdiger!« und »Du Gottloser!« zu den Edlen. Man müsse »die Person der Fürsten« ansehen und des Hohen mehr achten als des Niederen.[10] Aber Hiob läßt sich nicht erschüttern und spricht ein bedeutendes Wort: »Schon jetzt, siehe, lebt im Himmel mir ein Zeuge, mir ein Mitwisser in der Höhe ... *zu Gott blickt tränend auf mein Auge, daß er Recht schaffe dem Manne gegen Gott*«[11] und an anderer Stelle: »Ich aber weiß: mein Anwalt lebt, und ein Vertreter ersteht (mir) über dem Staube.«[12]

---

[2] Hiob 9,2–32.
[3] Hiob 10,7.
[4] Hiob 13,3.
[5] Hiob 13,15.
[6] Hiob 13,25.
[7] Hiob 19,6.
[8] Hiob 27,2 und 5–6.
[9] Hiob 34,12.
[10] Hiob 34,18f.
[11] Hiob 16,19–21.
[12] Hiob 19,25.

Aus den Worten Hiobs geht deutlich hervor, daß er, trotz seinem Zweifel, ob ein Mensch vor Gott recht haben könne, nur schwer von dem Gedanken lassen kann, auf dem Boden des Rechtes und damit der Moral Gott gegenüberzutreten. Das Wissen, daß göttliche Willkür das Recht beugt, fällt ihm nicht leicht, denn er kann trotz allem seinen Glauben an die göttliche Gerechtigkeit nicht aufgeben. Aber andererseits muß er sich gestehen, daß niemand anders ihm Unrecht und Gewalt antut als eben Jahwe selber. Er kann nicht leugnen, daß er sich einem Gott gegenüber befindet, der sich um kein moralisches Urteil kümmert beziehungsweise keine für sich verbindliche Ethik anerkennt. Das ist wohl das Größte in Hiob, daß er angesichts dieser Schwierigkeit nicht an der Einheit Gottes irre wird, sondern klar sieht, daß Gott sich in Widerspruch mit sich selber befindet, und zwar dermaßen total, daß er, Hiob, gewiß ist, in Gott einen Helfer und Anwalt gegen Gott zu finden. So gewiß ihm das Böse, so gewiß ist ihm auch das Gute in Jahwe. In einem Menschen, der uns Böses antut, können wir nicht zugleich den Helfer erwarten. Jahwe aber ist kein Mensch; er ist beides, Verfolger und Helfer in einem, wobei der eine Aspekt so wirklich ist wie der andere. Jahwe ist nicht gespalten, sondern eine *Antinomie*, eine totale innere Gegensätzlichkeit, die unerläßliche Voraussetzung seiner ungeheuren Dynamik, seiner Allmacht und Allwissenheit. Aus dieser Erkenntnis heraus hält Hiob daran fest, ihm »seine Wege darzutun«, das heißt, ihm seinen Standpunkt klarzumachen, denn ungeachtet seines Zornes ist er sich selber gegenüber auch der Anwalt des Menschen, der eine Klage vorzubringen hat.

Man könnte über die Gotteserkenntnis Hiobs noch mehr erstaunt sein, wenn man von der Amoralität Jahwes hier zum ersten Male vernähme. Die unberechenbaren Launen und verheerenden Zornanfälle Jahwes waren aber seit alters bekannt. Er erwies sich als eifersüchtiger Hüter der Moral; insbesondere war er empfindlich in bezug auf Gerechtigkeit. Er mußte daher stets als »gerecht« gepriesen werden, woran, wie es scheint, ihm nicht wenig lag. Dank diesem Umstand beziehungsweise dieser Eigenart hatte er *distinkte Persönlichkeit,* die sich von der eines mehr oder weniger archaischen Königs nur durch den Umfang unterschied. Sein eifersüchtiges und empfindliches Wesen, das mißtrauisch die treulosen Herzen der Menschen und ihre heimlichen Gedanken durchforschte, erzwang ein persönliches Verhältnis zwischen ihm und dem Menschen, der nicht anders konnte, als sich persönlich von ihm angerufen zu fühlen. Das unterschied Jahwe wesentlich vom allwaltenden Vater Zeus, der wohlwollend und etwas detachiert die Ökonomie der Welt auf altgeheiligten Bahnen abrollen ließ und nur das Unordentliche bestrafte. Er moralisierte nicht, sondern waltete instinkthaft. *Von* den Menschen wollte er nichts als die ihm gebührenden Opfer; *mit* ihnen wollte er schon gar nichts, denn er hatte keine Pläne mit ihnen. Vater Zeus ist zwar eine Gestalt, aber keine Persönlichkeit. Jahwe dagegen lag es an den Menschen. Sie waren ihm sogar ein Anliegen erster Ordnung. Er brauchte sie, wie sie ihn brauchten, dringlich und persönlich. Zeus konnte zwar auch Donnerkeile schmettern, aber nur auf einzelne unordentliche Frevler. Gegen die Menschheit im ganzen hatte er nichts einzuwenden. Sie interessierte ihn auch nicht besonders. Jahwe dagegen konnte sich maßlos über die Menschen als Genus und als Individuen aufregen, wenn sie sich nicht so benahmen, wie er wünschte und erwartete, ohne sich dabei allerdings je Rechenschaft darüber zu geben, daß es ja in seiner Allmacht gelegen hätte, etwas Besseres zu erschaffen als diese »irden schlechten Töpfe«.

Bei dieser intensiven persönlichen Bezogenheit auf sein Volk konnte es nicht ausbleiben, daß sich daraus ein eigentlicher Bund entwickelte, der sich auch auf einzelne Personen bezog, so zum Beispiel auf David. Wie der ›89. Psalm‹ berichtet, sagte Jahwe zu David:

> ... meine Treue will ich nicht brechen.
> Ich will meinen Bund nicht entweihen,
> und was meine Lippen gesprochen, nicht ändern.
> Das eine habe ich bei meiner Heiligkeit geschworen –
> nie werde ich David belügen.[13]

Und dann ist es doch geschehen, daß er, der so eifersüchtig über Gesetzes- und Vertragserfüllung wachte, seinen Schwur brach. Dem empfindsamen modernen Menschen wäre der schwarze Abgrund der Welt aufgerissen, der Boden wäre unter seinen Füßen gewichen, denn das, was er von seinem Gott zumindest erwarten würde, wäre, daß er dem Sterblichen in jeglicher Hinsicht überlegen sei, und zwar im Sinne des Besseren, Höheren, Edleren, aber nicht in der Hinsicht moralischer Beweglichkeit und Unzuverlässigkeit, die selbst einen Meineid in Kauf nimmt.

Man darf natürlich einen archaischen Gott nicht mit den Bedürfnissen moderner Ethik konfrontieren. Für den Menschen des frühen Altertums lag die Sache etwas anders: An seinen Göttern blühte und strotzte schlechthin alles, Tugenden und Laster. Man konnte sie daher auch bestrafen, anbinden, betrügen, sie aufeinander hetzen, ohne daß sie an Prestige einbüßten – wenigstens nicht

---

[13] Psalm 89, 34–36.

auf lange Sicht hinaus. Der Mensch jener Äone war an die göttlichen Inkonsequenzen so gewöhnt, daß, wenn sie passierten, sie ihn nicht über Gebühr erschütterten. Bei Jahwe lag der Fall allerdings insofern etwas anders, als in der religiösen Beziehung schon sehr früh der Faktor der persönlich-moralischen Bindung eine bedeutende Rolle spielte. Unter diesen Umständen mußte ein Vertragsbruch nicht nur persönlich, sondern auch moralisch verletzend wirken. Ersteres ersieht man aus der Art und Weise, wie David antwortet. Er sagt:

> Wie lange, o Herr, willst du dich noch verbergen,
> deinen Grimm lodern lassen wie Feuer?
> Bedenke, o Herr: was ist doch das Leben!
> Wie nichtig alle Menschenkinder, die du geschaffen!
> ...
> Wo sind deine frühern Gnadenbeweise, o Herr,
> wie du sie David geschworen bei deiner Treue?[14]

Wäre dies zu einem Menschen gesprochen, so würde es etwa lauten: »So nimm dich doch endlich zusammen, und höre auf mit deiner sinnlosen Wüterei. Es ist doch wirklich zu grotesk, wenn jemand wie du über die Pflänzchen, die nicht ohne deine Schuld nicht recht gedeihen wollen, sich in solchem Maße aufregt. Du konntest doch früher auch vernünftig sein und das Gärtlein, das du gepflanzt, richtig besorgen, statt es zu zertrampeln.«

Der Interlocutor kann es allerdings nicht wagen, mit dem allmächtigen Partner wegen des Vertragsbruches zu rechten. Er weiß, was er zu hören bekäme, wenn *er* der bedauernswerte Rechtsbrecher wäre. Er muß sich, weil es sonst lebensgefährlich für ihn würde, auf das höhere Niveau der Vernunft zurückziehen und erweist sich damit, ohne es zu wissen und zu wollen, als dem göttlichen Partner in intellektueller sowohl als moralischer Hinsicht leise überlegen. Jahwe merkt es nicht, daß er »behandelt« wird, so wenig wie er versteht, warum er anhaltend als gerecht gepriesen werden muß. Er hat einen dringlichen Anspruch an sein Volk, in allen möglichen Formen »gepriesen«[15] und propitiiert zu werden, mit dem offensichtlichen Zweck, ihn um jeden Preis bei Laune zu erhalten.

Der hieraus sichtbar werdende Charakter paßt zu einer Persönlichkeit, die nur vermöge eines Objektes sich ein Gefühl eigener Existenz verschaffen kann. Die Abhängigkeit vom Objekt ist ab-

---

[14] Psalm 89,47–48 und 50.
[15] Oder gar »gesegnet« zu werden, was erst recht verfänglich ist.

solut, wenn das Subjekt keinerlei Selbstreflexion und damit auch keine Einsicht in sich selbst besitzt. Es hat den Anschein, als ob es nur vermöge des Umstandes existiere, daß es ein Objekt hat, welches dem Subjekt versichert, es sei vorhanden. Wenn Jahwe, wie man wenigstens von einem einsichtigen Menschen erwarten dürfte, wirklich seiner selbst bewußt wäre, so hätte er, in Anbetracht der wirklichen Sachlage, den Lobpreisungen seiner Gerechtigkeit wenigstens Einhalt tun müssen. Er ist aber zu unbewußt, um »moralisch« zu sein. Moralität setzt Bewußtsein voraus. Damit soll selbstverständlich nicht gesagt sein, daß Jahwe etwa unvollkommen oder böse sei wie ein gnostischer Demiurg. Er ist jede Eigenschaft in ihrer Totalität, also unter anderem die Gerechtigkeit schlechthin, aber auch das Gegenteil, und dies ebenso vollständig. So wenigstens muß er gedacht werden, wenn man sich ein einheitliches Bild seines Wesens machen will. Wir müssen uns dabei nur bewußt bleiben, daß wir damit nicht mehr als ein anthropomorphes Bild entworfen haben, welches nicht einmal besonders anschaulich ist. Die Äußerungsweise des göttlichen Wesens läßt erkennen, daß die einzelnen Eigenschaften ungenügend aufeinander bezogen sind, so daß sie in einander widersprechende Akte zerfallen. So zum Beispiel reut es Jahwe, Menschen gemacht zu haben, wo doch seine Allwissenheit von Anfang an genau im Bilde darüber war, was mit solchen Menschen geschehen wird.

2.

Da der Allwissende in alle Herzen blickt, und Jahwes Augen »über die ganze Erde schweifen«[16], so ist es schon viel besser, wenn der Interlocutor des 89. Psalmes seine leise moralische Überlegenheit über den unbewußteren Gott sich nicht zu schnell bewußt macht beziehungsweise vor sich selber verbirgt, denn Jahwe liebt keine kritischen Gedanken, welche den von ihm verlangten Anerkennungszufluß irgendwie schmälern könnten. So laut seine Macht durch die kosmischen Räume dröhnt, so schmal ist die Basis ihres Seins, das nämlich einer bewußten Widerspiegelung bedarf, um wirklich zu existieren. Gültig ist das Sein natürlich nur, wo es jemandem bewußt ist. Darum bedarf ja der Schöpfer des bewußten Menschen, obschon er diesen, aus Unbewußtheit, am Bewußtwerden lieber verhindern möchte. Darum bedarf Jahwe der Akklamation einer kleinen Menschengruppe. Man kann sich vorstellen, was

---

[16] Sacharja 4,10; siehe auch Weisheit 1,10: »Denn das Ohr des göttlichen Eifers hört alles, und selbst das leiseste Gemurmel bleibt nicht verborgen.«

geschehen würde, wenn es dieser Versammlung einfallen sollte, mit dem Beifall aufzuhören: Es gäbe einen Aufregungszustand mit blinder Zerstörungswut und dann ein Versinken in höllische Einsamkeit und qualvollstes Nichtsein, gefolgt von einer allmählich wiedererwachenden, unaussprechlichen Sehnsucht nach dem Etwas, das Mich Mir Selber fühlbar macht. Darum wohl sind alle ursprünglichen Dinge, selbst der Mensch, bevor er zur Canaille wird, von rührender, ja zauberhafter Schönheit, denn in statu nascendi stellt ein »jegliches in seiner Art« das Kostbare, das innigst Ersehnte, das keimhaft Zarteste dar, ein Abbild der unendlichen Liebe und Güte des Schöpfers.

Angesichts der unzweifelhaften Furchtbarkeit des göttlichen Zornes und in einer Zeit, da man noch wußte, wovon man sprach, wenn man »Gottesfurcht« sagte, ergab sich das Unbewußtbleiben einer in gewisser Hinsicht überlegenen Menschlichkeit natürlicherweise. Die machtvolle Persönlichkeit Jahwes, welche zudem aller biographischen Antezedentien ermangelte – war doch seine Urbeziehung zu den Elohim längst in der Lethe versunken –, hatte ihn über alle numina der gentiles erhoben und ihn damit gegen den Einfluß des schon seit einigen Jahrhunderten anhaltenden Abbaues der Autorität der heidnischen Götter immunisiert. Diesen war gerade das Detail ihrer mythologischen Biographie, deren Unverständlichkeit und Anstößigkeit mit zunehmender Urteilskraft immer deutlicher erkannt wurde, zum Verhängnis geworden. Jahwe aber hatte keine Herkunft und keine Vergangenheit, mit Ausnahme seines Weltschöpfertums, mit dem überhaupt jede Geschichte anhob, und seiner Beziehung zu jenem Teile der Menschheit, deren Urvater Adam er in einem offenbar speziellen Schöpferakt als den Anthropos, den Urmenschen schlechthin, nach seinem Bilde erschaffen hatte. Die anderen Menschen, die es dazumal auch schon gab, waren, wie man supponieren muß, zuvor mit den »verschiedenen Arten des Wildes und des Viehes« auf der göttlichen Töpferscheibe geformt worden, nämlich die Menschen, unter denen sich Kain und Seth ihre Weiber nahmen. Wenn man unsere Konjektur nicht billigen sollte, so bliebe nur noch die andere, weit anstößigere Möglichkeit offen, daß sie sich mit ihren textlich nicht beglaubigten Schwestern begattet hätten, wie noch der Geschichtsphilosoph Karl Lamprecht um das Ende des 19. Jahrhunderts vermutete.

Die providentia specialis, welche den Juden, die zu den Gottebenbildlichen gehören, die Auserwähltheit bescherte, belastete sie von vornherein mit einer Verpflichtung, die sie begreiflicherweise soviel wie möglich zu umgehen versuchten, wie das ja mit dergleichen Hypotheken in der Regel der Fall ist. Da das Volk jede

Gelegenheit zum Ausbrechen benützte und es Jahwe als lebenswichtig empfand, das ihm unerläßliche Objekt, welches er ja zu diesem Zwecke »gottähnlich« gebildet hatte, definitiv an sich zu binden, so schlug er schon in der Urzeit dem Erzvater Noah einen »Bund« zwischen sich einerseits und Noah, dessen Kindern und den zugehörigen zahmen und wilden Tieren andererseits vor; einen Vertrag, der für beide Teile Vorteile versprach. Um diesen Bund zu bekräftigen und ihn dem Gedächtnis frisch zu erhalten, setzte er den Regenbogen als ein Vertragsmal ein. Wenn er dann Wolken heranführt, welche Blitz und Wasserfluten in sich bergen, erscheint auch der Regenbogen, der ihn und sein Volk an den Vertrag erinnert und erinnern soll. Die Versuchung nämlich, eine Wolkenansammlung zu einem Sintflutexperiment zu benützen, ist nicht gering, und es ist darum gut, ein Merkzeichen damit zu verbinden, welches noch beizeiten vor einer möglichen Katastrophe warnt.

Trotz solcher Vorsichtsmaßnahmen war der Vertrag mit David in Stücke gegangen, welches Ereignis einen literarischen Niederschlag in den heiligen Schriften hinterließ, zur Betrübnis einiger weniger Frommer, die sich bei ihrer Lektüre etwas dachten. Es konnte ja bei der eifrigen Benützung des Psalters nicht ausbleiben, daß etliche Nachdenkliche doch über den 89. Psalm[17] stolperten. Wie dem auch immer gewesen sein mag, so wird doch der fatale Eindruck des Vertragsbruches lebendig geblieben sein. Es ist zeitlich möglich, daß der Verfasser des Buches Hiob von diesem Motiv beeinflußt war.

Das Buch Hiob stellt den frommen und treuen, aber von Gott geschlagenen Mann auf eine weithin sichtbare Bühne, wo er vor den Augen und Ohren der Welt seine Sache vorbringt. Erstaunlich leicht nämlich und grundlos hatte sich Jahwe von einem seiner Söhne, einem *Zweifelsgedanken*,[18] beeinflussen und in bezug auf Hiobs Treue unsicher machen lassen. Bei seiner Empfindlichkeit und seinem Mißtrauen erregte ihn schon die bloße Möglichkeit eines Zweifels und verführte ihn zu jenem eigentümlichen Verhalten, von dem er schon im Paradies eine Probe gegeben hatte, nämlich zu einer zweideutigen Handlungsweise, die aus einem Ja und einem Nein besteht: Er machte die ersten Eltern auf den Baum aufmerksam und verbot ihnen zugleich, von ihm zu essen. Damit hat er den nicht beabsichtigten Sündenfall provoziert. Nun soll der

---

[17] Psalm 89 wird als ein David zugeschriebenes und im Exil gedichtetes Gemeindelied angesehen.

[18] Satan ist wohl eines der Gottesaugen, das »auf der Erde herumstreift und hin und her wandert« (Hiob 1,7). In der persischen Tradition ist Ahriman aus einem Zweifelsgedanken Ahuramazdas hervorgegangen.

treue Knecht Hiob grund- und nutzlos einer moralischen Belastungsprobe unterzogen werden, obschon Jahwe von dessen Treue und Standhaftigkeit überzeugt ist und überdies auf Grund seiner Allwissenheit – wenn er sie zu Rate zöge – in dieser Beziehung unzweifelhafte Sicherheit hätte. Warum soll dann trotzdem der Versuch gemacht und eine Wette ohne Einsatz mit dem gewissenlosen Einflüsterer auf dem Rücken der machtlosen Kreatur ausgetragen werden? Es ist in der Tat kein erhebender Anblick, wenn man sieht, wie rasch Jahwe seinen treuen Knecht dem bösen Geiste preisgibt und wie unbekümmert und mitleidlos er ihn in den Abgrund physischer und moralischer Qualen fallen läßt. Das Verhalten des Gottes ist, vom menschlichen Standpunkt aus betrachtet, dermaßen empörend, daß man sich fragen muß, ob dahinter nicht ein tieferreichendes Motiv verborgen liegt? Sollte Jahwe einen geheimen Widerstand gegen Hiob haben? Das könnte sein Nachgeben gegenüber Satan erklären. Was aber besitzt der Mensch, das der Gott nicht hat? Wegen seiner Kleinheit, Schwäche und Wehrlosigkeit dem Mächtigen gegenüber besitzt er, wie wir schon andeuteten, ein etwas schärferes Bewußtsein auf Grund der Selbstreflexion: Er muß sich, um bestehen zu können, immer seiner Ohnmacht dem allgewaltigen Gott gegenüber bewußt bleiben. Letzterer bedarf dieser Vorsicht nicht, denn nirgends stößt er auf jenes unüberwindliche Hindernis, das ihn zum Zögern und damit zur Selbstreflexion veranlassen könnte. Sollte Jahwe Verdacht geschöpft haben, daß der Mensch ein zwar unendlich kleines, aber konzentrierteres Licht als er, der Gott, besitzt? Eine Eifersucht solcher Art könnte das Benehmen Jahwes vielleicht erklären. Es wäre begreiflich, wenn eine derartige, nur geahnte und nicht begriffene Abweichung von der Definition eines bloßen Geschöpfes das göttliche Mißtrauen erregte. Schon zu oft haben sich ja die Menschen nicht voraussetzungsgemäß benommen. Auch der getreue Hiob könnte schließlich etwas im Schilde führen..., daher die überraschende Bereitschaft, den Einflüsterungen Satans entgegen der eigenen Überzeugung zu folgen!

Ohne Verzug wird Hiob seiner Herden beraubt; seine Knechte, ja seine Söhne und Töchter werden erschlagen, und er selber wird mit Krankheit heimgesucht bis an den Rand des Grabes. Um ihm auch die Ruhe zu rauben, werden seine Frau und gute Freunde, die das Unrichtige reden, auf ihn losgelassen. Seine berechtigte Klage findet kein Ohr bei dem um seiner Gerechtigkeit willen gepriesenen Richter. Das Recht wird ihm verweigert, damit Satan bei seinem Spiel nicht gestört werde.

Man muß sich Rechenschaft darüber geben, daß sich hier in kürzester Frist dunkle Taten häufen: Raub, Mord, vorsätzliche

Körperverletzung und Rechtsverweigerung. Erschwerend kommt dabei in Betracht, daß Jahwe keinerlei Bedenken, Reue oder Mitgefühl, sondern nur Rücksichtslosigkeit und Grausamkeit bekundet. Die Einrede der Unbewußtheit kann man insofern nicht gelten lassen, als er mindestens drei von den von ihm selber auf dem Sinai erlassenen Geboten in flagranter Weise verletzt.

Zu seiner Qual steuern Hiobs Freunde nach Kräften moralische Torturen bei und statt ihm, den Gott treulos verlassen hat, wenigstens mit Herzenswärme beizustehen, moralisieren sie in allzumenschlicher, das heißt stumpfsinniger Weise und nehmen ihm auch noch die letzten Hilfen der Anteilnahme und des menschlichen Verständnisses weg, wobei der Verdacht göttlicher Konnivenz nicht ganz von der Hand zu weisen ist.

Warum die Qualen Hiobs und das göttliche Wettespielen plötzlich zu Ende kommen, ist nicht leicht ersichtlich. Solange Hiob nicht stirbt, könnte das zwecklose Leiden noch weiter währen. Wir müssen aber ein Auge auf dem Hintergrund dieses Geschehens behalten: Es wäre nicht unmöglich, daß etwas in diesem Hintergrund allmählich deutlicher wurde, nämlich eine Kompensation für das unverschuldete Leiden, welche Jahwe, auch wenn er sie nur von ferne ahnen sollte, nicht gleichgültig lassen konnte. Der unschuldig Gequälte war nämlich ohne sein Wissen und Wollen in aller Stille zu einer Überlegenheit der Gotteserkenntnis, die Gott selber nicht besaß, emporgehoben worden. Hätte Jahwe seine Allwissenheit befragt, so hätte ihm Hiob nichts vorausgehabt. Dann wäre aber allerdings so viel anderes auch nicht passiert.

Hiob erkennt die innere Antinomie Gottes, und damit erlangt das Licht seiner Erkenntnis selber göttliche Numinosität. Die Möglichkeit einer derartigen Entwicklung beruht, wie zu vermuten, auf der Gottebenbildlichkeit, die man wohl kaum in der Morphologie des Menschen suchen darf. Diesem Irrtum hat Jahwe selber durch das Bilderverbot vorgebeugt. Indem sich Hiob nicht davon abbringen läßt, seinen Fall, auch ohne Hoffnung auf Erhörung, vor Gott darzulegen, hat er sich ihm gestellt und damit jenes Hindernis geschaffen, an dem das Wesen Jahwes offenbar werden muß. Auf diesem dramatischen Höhepunkt bricht dieser das grausame Spiel ab. Wer nun aber erwarten sollte, daß sich sein Zorn gegen den Verleumder richten würde, der wird schwer enttäuscht. Jahwe denkt weder daran, seinen Sohn, von dem er sich überreden ließ, zur Verantwortung zu ziehen, noch fällt es ihm ein, durch eine Erklärung seines Verhaltens Hiob wenigstens eine gewisse moralische Genugtuung zu gewähren. Vielmehr fährt er mit seiner Allmacht im Gewitter daher und donnert den halbzertretenen Menschenwurm mit Vorwürfen an:

> Wer ist's, der da verdunkelt den Ratschluß
> Mit Reden ohne Einsicht?[19]

Im Hinblick auf die folgenden Reden Jahwes muß man sich hier wirklich fragen: Wer verdunkelt hier welchen Ratschluß? Das ist ja eben dunkel, wie Gott dazu kam, mit Satan eine Wette abzuschließen. Daran hat Hiob sicher nichts verdunkelt und einen Ratschluß vollends nicht, denn von einem solchen war überhaupt nie die Rede und wird es auch im folgenden nicht sein. In der Wette liegt, soviel man sehen kann, kein »Ratschluß«; es müßte denn sein, daß Jahwe selber den Satan angestiftet hätte, damit Hiob schließlich erhöht werde. In der Allwissenheit war diese Entwicklung natürlich vorgesehen, und es könnte sein, daß das Wort »Ratschluß« auf dieses ewige und absolute Wissen hindeutet. Sollte dem so sein, so erscheint Jahwes Haltung um so inkonsequenter und unbegreiflicher, denn er hätte dann Hiob hierüber erleuchten können, was in Ansehung des diesem geschehenen Unrechtes nur recht und billig gewesen wäre. Ich muß daher diese Möglichkeit als unwahrscheinlich betrachten.

Welche Reden sind ohne Einsicht? Jahwe bezieht sich wohl nicht auf die Reden der Freunde, sondern tadelt Hiob. Worin aber besteht dessen Schuld? Das einzige, was man ihm vorwerfen könnte, ist der Optimismus, mit dem er glaubt, an die göttliche Gerechtigkeit appellieren zu können. Damit hat er in der Tat unrecht, wie die folgenden Reden Jahwes deutlich zeigen. Gott will gar nicht gerecht sein, sondern pocht auf seine Macht, die vor Recht geht. Das wollte Hiob nicht in den Kopf, weil er Gott als ein moralisches Wesen ansah. An Gottes Allmacht hat er nie gezweifelt, sondern darüber hinaus noch auf dessen Gerechtigkeit gehofft. Er hat aber diesen Irrtum schon selber zurückgenommen, indem er die göttliche Gegensatznatur erkannte und damit auch der Gerechtigkeit und Güte Gottes ihren Platz anweisen konnte. Von einem Mangel an Einsicht kann man hier wohl nicht reden.

Die Antwort auf Jahwes Frage lautet darum: Jahwe selber ist's, der seinen eigenen Ratschluß verdunkelt und keine Einsicht hat. Er dreht sozusagen den Spieß um und tadelt Hiob für das, was er selber tut: es soll dem Menschen nicht gestattet sein, eine Meinung über ihn zu haben und besonders keine Einsicht, die er selber nicht hat. Einundsiebzig Verse lang verkündet er die Macht des Weltschöpfers seinem elenden Opfer, das in der Asche sitzt und seine Geschwüre kratzt, längst und zutiefst überzeugt, übermenschlicher Gewalttätigkeit ausgeliefert zu sein. Hiob hat es ganz und gar

---

[19] Hiob 38,2.

nicht nötig, nochmals und bis zum Überdruß von dieser Macht beeindruckt zu werden. Jahwe, vermöge seiner Allwissenheit, könnte natürlich ebensogut wissen, wie unangebracht sein Einschüchterungsversuch in einer derartigen Situation ist. Er hätte ja leicht sehen können, daß Hiob an seine Allmacht nach wie vor glaubt und sie nie in Zweifel gezogen hat, sowenig als er ihm je untreu geworden ist. Er zieht überhaupt Hiobs Wirklichkeit so wenig in Betracht, daß der Verdacht, er habe noch ein anderes, ihm wichtigeres Motiv, gerechtfertigt erscheint: Hiob ist nicht mehr als der äußere Anlaß zu einer innergöttlichen Auseinandersetzung. Jahwe redet dermaßen an Hiob vorbei, daß man unschwer sehen kann, wie sehr er mit sich selber beschäftigt ist. Die emphatische Betonung seiner Allmacht und Größe hat vor einem Hiob, der unmöglich noch mehr überzeugt werden kann, keinen Sinn, sondern wird nur verständlich einem Hörer gegenüber, *der daran zweifelt*. Dieser Zweifelsgedanke ist Satan, der nach Durchführung des üblen Werkes in den väterlichen Busen zurückkehrte, um dort seine Wühlarbeit fortzusetzen. Jahwe muß ja gesehen haben, daß sich Hiobs Treue nicht erschüttern ließ und daß Satan seine Wette verloren hatte. Er mußte auch verstehen, daß er, indem er sich auf die Wette einließ, alles tat, um seinen treuen Knecht zur Untreue zu veranlassen, wobei er es sogar auf eine ganze Reihe von Verbrechen ankommen ließ. Es ist nun nicht etwa Reue, ganz zu schweigen von moralischem Entsetzen, das ihm zum Bewußtsein kommt, sondern vielmehr eine dunkle Ahnung von etwas, was seine Allmacht in Frage stellt. (In dieser Hinsicht herrscht eine besondere Empfindlichkeit, denn »Macht« ist das große Argument. In der Allwissenheit aber ist gewußt, daß mit Macht nichts entschuldigt ist.) Die Ahnung bezieht sich natürlich auf die höchst peinliche Tatsache, daß Jahwe sich von Satan hat beschwatzen lassen. Diese Schwäche kommt ihm aber nicht zu klarem Bewußtsein, denn Satan wird mit merkwürdiger Duldung und Rücksicht behandelt. Offenbar soll über dessen Intrige auf Kosten Hiobs hinweggesehen werden.

Hiob hat zu seinem Glück während der Allokution gemerkt, daß es sich um alles andere als um sein Recht handelt. Er hat eingesehen: man kann jetzt unmöglich die Rechtsfrage erörtern, denn es ist zu deutlich, daß Jahwe keinerlei Interesse für Hiobs Anliegen hat, sondern mit eigenen Angelegenheiten beschäftigt ist. Satan muß irgendwie verschwinden, was am besten dadurch geschieht, daß Hiob aufrührerischer Gesinnung verdächtigt wird. Das Problem wird dadurch auf ein anderes Geleise geschoben, und der Zwischenfall mit Satan bleibt unerwähnt und unbewußt. Es ist zwar dem Zuschauer nicht ganz klar, warum Hiob die Allmacht mit Blitz und Donner vorgeführt werden soll, aber die Vorführung ist an sich großartig und eindrucksvoll genug, um nicht nur ein weiteres Publikum, sondern in erster Linie Jahwe selber von seiner unantastbaren Macht zu überzeugen. Ob Hiob ahnt, welche Gewalt Jahwe seiner Allwissenheit hiemit antut, wissen wir zwar nicht, aber sein Schweigen und seine Unterwerfung lassen verschiedene Möglichkeiten offen. Hiob kann darum nichts Besseres tun, als sofort seinen Rechtsanspruch in aller Form widerrufen, und er antwortet daher mit den eingangs zitierten Worten: »Ich lege die Hand auf meinen Mund.«

Er verrät auf keinerlei Weise auch nur die Spur einer möglichen reservatio mentalis. Seine Antwort läßt keinen Zweifel obwalten darüber, daß er restlos und selbstverständlich dem gewaltigen Eindruck der göttlichen Demonstration erlegen ist. Mit diesem Erfolg hätte sich auch der anspruchsvollste Tyrann zufrieden geben und sicher sein können, daß sein Knecht schon allein aus Angst (ganz abgesehen von seiner unzweifelhaften Loyalität) es auf die längste Zeit hinaus nicht mehr wagen würde, auch nur *einen* schiefen Gedanken zu hegen.

Merkwürdigerweise merkt Jahwe von alledem nichts. Er sieht Hiob und dessen Lage überhaupt nicht. Es ist vielmehr, wie wenn er einen Gewaltigen an Stelle von Hiob vor sich hätte, einen, welchen herauszufordern es sich lohnt. Das zeigt sich in der zweimaligen Anrede:

> Gürte doch wie ein Mann deine Lenden;
> ich will dich fragen, und du lehre mich![20]

Man müßte schon groteske Beispiele wählen, um das Mißverhältnis der beiden Wettkämpfer zu illustrieren. Jahwe sieht etwas in Hiob, das wir kaum diesem, wohl aber ersterem zuschreiben würden, nämlich eine ebenbürtige Kraft, welche den Gott veranlaßt, seinen ganzen Machtapparat in imposanter Parade dem Gegner vorzuführen. Jahwe projiziert auf Hiob ein Zweiflergesicht, welches er nicht liebt, weil es sein eigenes ist, das ihn mit unheimlich kritischem Blicke betrachtet. Er fürchtet es, denn nur gegen etwas Angsterregendes mobilisiert man laute Hinweise auf Kraft, Können, Mut, Unbezwinglichkeit und anderes. Was hat das mit Hiob zu tun? Lohnt es sich für den Starken, eine Maus zu erschrecken?

Jahwe kann sich mit der ersten siegreichen Runde nicht begnügen. Hiob liegt längst am Boden, aber der große Gegenspieler, dessen Phantom auf den erbarmungswürdigen Dulder projiziert

---

[20] Hiob 38,3.

wird, steht immer noch bedrohlich aufrecht. Darum holt Jahwe nochmals aus:

> Willst du gar mein Recht vernichten,
> Mir Unrecht geben, daß du Recht behaltest?
> Ist denn dein Arm dem Arme Gottes gleich?
> Hast du, wie er, des Donners Stimme?[21]

Der schutz- und rechtlos preisgegebene Mensch, dessen Nichtigkeit ihm bei jeder Gelegenheit vorgehalten wird, erscheint Jahwe offenbar so gefährlich, daß er mit schwerster Artillerie zusammengeschossen werden muß. Was ihn reizt, verrät sich in seiner Herausforderung an den angeblichen Hiob:

> Mit deinem Blick demütige jeden Hohen
> und zertritt die Gottlosen auf der Stelle!
> Verscharre sie im Staube allzumal,
> banne ihr Angesicht an verborgenen Ort!
> Alsdann will auch ich dich preisen,
> daß deine Rechte dir Sieg verleiht.[22]

Hiob wird herausgefordert, wie wenn er selber ein Gott wäre. Es war jedoch in der damaligen Metaphysik kein deuteros theos, kein anderer vorhanden, mit Ausnahme Satans, der Jahwes Ohr besitzt und ihn zu beeinflussen vermag. Er ist der einzige, der ihm den Boden unter den Füßen wegziehen, ihn verblenden und zu einer massiven Versündigung am eigenen Strafgesetz verführen konnte. Ein formidabler Gegenspieler fürwahr und wegen seiner nahen Verwandtschaft dermaßen kompromittierend, daß er mit äußerster Diskretion verheimlicht werden muß! Ja, er muß ihn im eigenen Busen vor seinem eigenen Bewußtsein verstecken und dafür den armseligen Gottesknecht als zu bekämpfenden Popanzen aufrichten, in der Hoffnung, das gefürchtete »Angesicht an verborgenen Ort« zu bannen, um sich selber im Stande der Unbewußtheit zu erhalten.

Die Veranstaltung des imaginären Zweikampfes, die dabei gehaltenen Reden und die eindrückliche Vorführung der Urmenagerie wären wohl ungenügend erklärt, wenn man sie auf den bloß negativen Faktor einer Scheu vor dem Bewußtwerden und den damit verbundenen Folgen der Relativierung zurückführen wollte. Der Konflikt wird für Jahwe vielmehr akut infolge einer *neuen Tatsa-*

---

[21] Hiob 40,3f.
[22] Hiob 40,7–9.

che, welche der Allwissenheit allerdings nicht verborgen ist. Aber in diesem Fall ist das vorhandene Wissen von keiner Schlußfolgerung begleitet. Die neue Tatsache, um die es sich handelt, betrifft den in der bisherigen Weltgeschichte unerhörten Fall, daß ein Sterblicher durch sein moralisches Verhalten, ohne es zu wissen und zu wollen, bis über die Sterne erhoben wird, von wo aus er sogar die Rückseite Jahwes, die abgründige Welt der »Schalen«, erblicken kann.[23]

Ob Hiob weiß, was er sieht? Er ist weise oder gewitzigt genug, es nicht zu verraten. Aber aus seinen Worten läßt sich allerhand vermuten:

> Ich habe erkannt, daß du alles vermagst;
> nichts, was du sinnst, ist dir verwehrt.[24]

In der Tat, Jahwe vermag alles und erlaubt sich auch schlechthin alles, ohne mit der Wimper zu zucken. Er kann mit eiserner Stirne seine Schattenseite projizieren und auf Kosten des Menschen unbewußt bleiben. Er kann auf seine Übermacht pochen und Gesetze erlassen, die ihm selber weniger als Luft bedeuten. Mord und Totschlag geben ihm nichts zu tun, und wenn ihn die Laune ankommt, so kann er als feudaler Grandseigneur den Leibeigenen auch einmal generös den Schaden ersetzen, den die Hetzjagd in den Getreidefeldern angerichtet hat: Deine Söhne, Töchter und Knechte sind in Verlust geraten? Kein Schade, ich gebe dir andere und bessere.

Hiob fährt fort (wohl mit niedergeschlagenen Augen und leiser Stimme):

> Wer ist's, der da verhüllt ohne Einsicht den Ratschluß?
> Darum habe ich geredet in Unverstand,
> Dinge, die zu wunderbar für mich, die ich nicht begriff.
> Höre doch, und ich will reden;
> ich will dich fragen, und du lehre mich!

---

[23] Hier wird auf eine Vorstellung der Kabbala angespielt. (Diese »Schalen«, hebr. kelipoth, bilden die zehn Gegenpole zu den zehn sefiroth, den zehn Stufen in der Offenbarung der göttlichen Schöpferkraft. Die Schalen, welche die bösen und dunklen Mächte darstellen, waren ursprünglich mit dem Licht der sefiroth vermischt. Der Sohar beschreibt das Böse als ein Produkt des Lebensprozesses der sefiroth. Daher mußten die sefiroth von der üblen Beimischung der Schalen gereinigt werden. Die Ausmerzung der Schalen fand statt im »Bruch der Gefäße«, wie er in den Schriften der Kabbala – vor allem von Luria und seiner Schule – beschrieben wird. Dadurch gewannen die Mächte des Bösen eine eigene und wirkliche Existenz. Vgl. Scholem: Die jüdische Mystik in ihren Hauptströmungen, 1957, S. 292 f.).

[24] Hiob 42,2.

> Vom Hörensagen hatte ich von dir gehört;
> nun aber hat dich mein Auge gesehen.
> Darum widerrufe ich und bereue
> in Staub und in Asche.[25]

Klugerweise nimmt Hiob hier die aggressiven Worte Jahwes auf und legt sich damit unter dessen Füße, wie wenn er tatsächlich der besiegte Gegenspieler wäre. So eindeutig seine Rede klingt, so doppelsinnig kann sie ebensowohl sein. Ja, wirklich hat er seine Lektion gelernt und »wunderbare Dinge« erlebt, die man nicht allzuleicht zu begreifen vermag. In der Tat, »vom Hörensagen« bloß hat er Jahwe gekannt, jetzt aber hat er dessen Wirklichkeit erfahren, mehr noch als David; eine wahrhaft eindringliche Lehre, die man besser nicht mehr vergißt. Er war früher naiv gewesen, hatte vielleicht sogar von einem »lieben« Gott geträumt oder einem wohlwollenden Herrscher und gerechten Richter; hatte sich eingebildet, ein »Bund« sei eine Rechtsfrage, und ein Vertragspartner könne auf einem ihm zugestandenen Rechte bestehen; Gott sei wahrhaft und treu oder zum mindesten gerecht und habe, wie man aus dem Dekalog vermuten dürfte, einige Anerkennung für gewisse ethische Werte, oder fühle sich wenigstens seinem eigenen Rechtsstandpunkt verpflichtet. Er hat aber zu seinem Schrecken gesehen, daß Jahwe nicht nur kein Mensch, sondern in gewissem Sinne weniger als ein Mensch ist, nämlich das, was Jahwe vom Krokodil sagt:

> Alles, was hoch ist, fürchtet sich vor ihm;
> es ist ein König über alle stolzen Tiere.[26]

Unbewußtheit ist tierisch-naturhaft. Wie alle alten Götter hat auch Jahwe seine Tiersymbolik, und zwar in unverkennbarer Anlehnung an die viel älteren theriomorphen Göttergestalten Ägyptens, insbesondere die des Horus und seiner vier Söhne. Von den vier animalia Jahwes hat nur eines ein Menschengesicht. Das wird wohl Satan sein, der Pate des geistigen Menschen. Ezechiels Vision attribuiert dem animalischen Gott drei Viertel Tierisches und nur ein Viertel Menschliches, während der »obere« Gott, nämlich der über der Saphirplatte, einem Menschen nur ähnlich sieht.[27] Diese Symbolik erklärt das – von einem menschlichen Standpunkt aus betrachtet – unerträgliche Verhalten Jahwes. Es ist das Benehmen

---

[25] Hiob 42,3–6.
[26] Hiob 41,25.
[27] Ezechiel, 1,25 f.

eines vorzugsweise unbewußten Wesens, das man nicht moralisch beurteilen kann: Jahwe ist ein *Phänomen* und »nicht ein Mensch«.[28]

Man könnte ohne ernstliche Schwierigkeit einen derartigen Sinn in Hiobs Rede vermuten. Sei dem, wie ihm wolle, auf alle Fälle hat sich Jahwe endlich beruhigt. Die therapeutische Maßnahme des widerstandslosen Akzeptierens hat sich wieder einmal bewährt. Immerhin ist Jahwe in bezug auf die Freunde Hiobs noch etwas nervös: Sie könnten am Ende nicht recht von ihm reden.[29] Die Projektion des Zweiflers erstreckt sich also auch – komischerweise, muß man schon sagen – auf diese biederen und etwas philiströsen Männer, wie wenn Gott weiß was davon abhinge, was diese dächten. Aber daß die Menschen denken können und erst noch über ihn, das ist aufreizend unheimlich und soll irgendwie verhindert werden. Es ist denn doch zu ähnlich dem, was sein herumvagierender Sohn oft plötzlich produziert und was ihn so unangenehm an der schwachen Stelle trifft. Wie oft hat er schon seine unüberlegten Aufwallungen bereuen müssen!

Man kann sich kaum dem Eindruck entziehen, daß die Allwissenheit sich allmählich einer Realisierung nähert, und eine Einsicht droht, die von Selbstvernichtungsängsten umwittert zu sein scheint. Die Schlußerklärung Hiobs ist allerdings – glücklicherweise – so formuliert, daß man mit ziemlicher Sicherheit annehmen kann, der Zwischenfall sei für die Beteiligten endgültig beigelegt.

Wir, der kommentierende Chor der großen Tragödie, die noch zu keiner Zeit ihre Lebendigkeit verloren hat, fühlen allerdings nicht ganz so. Aus unserem modernen Empfinden heraus will es uns keineswegs scheinen, als ob mit der profunden Verbeugung Hiobs vor der Allmacht göttlicher Präsenz und mit seinem weisen Schweigen eine wirkliche Antwort auf die durch den Satansstreich der göttlichen Wette aufgeworfene Frage gegeben worden wäre. Hiob hat weniger geantwortet, als angepaßt reagiert, und hat dabei eine bemerkenswerte Selbstbeherrschung an den Tag gelegt: Aber eine unzweideutige Antwort steht noch aus.

Was ist es – um das Nächste zu nennen – mit dem moralischen

---

[28] Hiob 9,32. Die naive Annahme, daß der creator mundi ein bewußtes Wesen sei, ist als ein folgenschweres Präjudiz zu bewerten, indem es später zu den unglaublichsten logischen Verrenkungen Anlaß gab. So wäre zum Beispiel der Unsinn der privatio boni nie nötig gewesen, wenn man nicht hätte voraussetzen müssen, daß die Bewußtheit eines guten Gottes unmöglich böse Taten hervorbringen könne. Die göttliche Unbewußtheit und Unreflektiertheit dagegen ermöglicht eine Auffassung, welche das Handeln Gottes dem moralischen Urteil enthebt und zwischen der Güte und der Furchtbarkeit keinen Konflikt aufkommen läßt.

[29] Hiob 42,7.

Unrecht, das Hiob erlitten? Oder ist der Mensch im Angesichte Jahwes dermaßen nichtswürdig, daß ihm nicht einmal ein »tort moral« geschehen kann? Das widerspräche der Tatsache, daß der Mensch von Jahwe begehrt wird, und daß es letzterem offenkundig eine Angelegenheit bedeutet, ob die Menschen »recht« von ihm reden. Er hängt an Hiobs Loyalität, und es kommt ihm so viel darauf an, daß er zugunsten seines Testes vor nichts zurückschreckt. Diese Einstellung verleiht dem Menschen beinahe göttliches Gewicht, denn was anderes gibt es in der weiten Welt, das dem, der alles hat, noch etwas bedeuten könnte? Die zwiespältige Haltung Jahwes, welche einerseits menschliches Glück und Leben achtlos zertritt, andererseits aber den Menschen zum Partner haben muß, versetzt diesen in eine geradezu unmögliche Situation: Einerseits benimmt sich Jahwe unvernünftig nach dem Vorbild von Naturkatastrophen und ähnlichen Unabsehbarkeiten, andererseits will er geliebt, geehrt, angebetet und als gerecht gepriesen werden. Er reagiert empfindlich auf jedes Wörtchen, das auch nur im entferntesten Kritik vermuten läßt, während er sich um seinen eigenen Moralkodex nicht kümmert, wenn sein Handeln mit dessen Paragraphen kollidiert.

Einem derartigen Gott kann sich der Mensch nur mit Furcht und Zittern unterwerfen, und indirekt versuchen, mit massiven Lobpreisungen und ostentativem Gehorsam den absoluten Herrscher zu propitiieren. Ein Vertrauensverhältnis aber erscheint dem modernen Empfinden als völlig ausgeschlossen. Eine *moralische Genugtuung* gar ist von seiten eines derart unbewußten Naturwesens nicht zu erwarten, jedoch ist sie Hiob geschehen, allerdings ohne Absicht Jahwes und vielleicht auch ohne Wissen Hiobs, wie es der Dichter jedenfalls möchte erscheinen lassen. Die Reden Jahwes haben den zwar unreflektierten, aber nichtsdestoweniger durchsichtigen Zweck, die brutale Übermacht des Demiurgen dem Menschen vorzuführen: »Das bin Ich, der Schöpfer aller unbezwingbaren, ruchlosen Naturkräfte, die keinen ethischen Gesetzen unterworfen sind, und so bin auch ich selber eine amoralische Naturmacht, eine rein phänomenale Persönlichkeit, die ihren eigenen Rücken nicht sieht.«

Das ist oder könnte wenigstens eine moralische Genugtuung größten Stiles für Hiob sein, denn durch diese Erklärung wird der Mensch trotz seiner Ohnmacht zum Richter über die Gottheit erhoben. Wir wissen nicht, ob Hiob das gesehen hat. Wir wissen es aber positiv aus so und so vielen Hiobkommentaren, daß alle nachfolgenden Jahrhunderte übersehen haben, wie eine moira oder dikē über Jahwe waltet, die ihn veranlaßt, sich solchermaßen preiszugeben. Jeder, der es wagt, kann sehen, wie Er Hiob unwissentlich erhöht, indem Er ihn in den Staub erniedrigt. Damit spricht Er sich selber das Urteil und gibt dem Menschen jene Genugtuung, die wir im Buche Hiob immer so schmerzlich vermißten.

Der Dichter dieses Dramas hat eine Probe meisterhafter Diskretion abgelegt, indem er den Vorhang in jenem Augenblick fallen läßt, in welchem sein Held durch die Prostration vor der göttlichen Majestät die bedingungslose Anerkennung der apophasis megalē des Demiurgen bekundete. *Es darf kein anderer Eindruck übrig bleiben.* Zu viel nämlich steht auf dem Spiele: Es droht ein ungewöhnlicher Skandal in der Metaphysik mit vermutlich verheerenden Folgen, und niemand ist mit einer rettenden Formel bereit, um den monotheistischen Gottesbegriff vor einer Katastrophe zu bewahren. Leicht hätte schon damals der kritische Verstand eines Griechen (was, allerdings sehr viel später, auch geschehen ist)[30] diese biographische Neuerwerbung zuungunsten Jahwes aufgreifen und auswerten können, um diesem ein Schicksal zu bereiten, wie es damals den griechischen Göttern beschieden war. Eine Relativierung aber zu jener Zeit sowohl wie in den folgenden zwei Jahrtausenden war schlechthin undenkbar.

Der unbewußte Geist des Menschen sieht richtig, auch wenn der bewußte Verstand geblendet und ohnmächtig ist: das Drama hat sich für alle Ewigkeit vollendet, Jahwes Doppelnatur ist offenbar geworden, und jemand oder etwas hat sie gesehen und registriert. Eine derartige Offenbarung, ob sie nun zum Bewußtsein der Menschen gelangte oder nicht, konnte nicht ohne Folgen bleiben.

3.

Bevor wir uns nun der Frage zuwenden, wie der Keim der Unruhe sich weiter entwickelte, wollen wir unseren Blick rückwärts wenden auf die Zeit, in welcher das Hiobbuch verfaßt wurde. Leider ist die Datierung unsicher. Es wird angenommen, daß es zwischen 600 und 300 vor Christus zustandegekommen ist, also zeitlich nicht allzu fern von den sogenannten Sprüchen Salomos (4.–3. Jahrhundert). In letzteren nun begegnen wir einem Symptom griechischen Einflusses, der, wenn früher angesetzt, über Kleinasien, wenn später, über Alexandrien das jüdische Gebiet erreicht hat. Es ist die Idee der Sophia oder Sapientia Dei, eines koäternen, der Schöpfung präexistenten, annähernd hypostasierten *Pneuma weiblicher Natur*:

---

[30] Vgl. Das Wandlungssymbol in der Messe, GW 11, §§ 350 ff.; ferner Aion, GW 9/II, §§ 128 ff.

> Der Herr schuf mich, seines Waltens Erstling,
> als Anfang seiner Werke, vorlängst.
> Von Ewigkeit her bin ich gebildet,
> von Anbeginn, vor dem Ursprung der Welt.
> Noch ehe die Meere waren, ward ich geboren,
> noch vor den Quellen, reich an Wasser.
> ...
> Als er den Himmel baute, war ich dabei,
> ...
> als er die Grundfesten der Erde legte,
> da war ich als Liebling ihm zur Seite,
> war lauter Entzücken Tag für Tag
> und spielte vor ihm allezeit,
> spielte auf seinem Erdenrund
> und hatte mein Ergötzen an den Menschenkindern.[31]

Diese Sophia, die bereits wesentliche Eigenschaften mit dem Johanneischen Logos teilt, schließt sich zwar einerseits an die hebräische Chochma an, geht aber andererseits wieder dermaßen weit über diese hinaus, daß man nicht umhin kann, an die indische Shakti zu denken. Beziehungen zu Indien bestanden ja damals (Ptolemäerzeit). Eine weitere Quelle zur Weisheit ist die Spruchsammlung Jesu, des Sohnes Sirachs (etwa um 200 verfaßt). Die Weisheit spricht über sich selber:

> Ich bin aus dem Munde des Höchsten hervorgegangen
> und habe wie Nebel die Erde bedeckt.
> Ich hatte meinen Wohnsitz in der Höhe,
> und mein Thon stand auf einer Wolkensäule.
> Ich umwanderte allein den Himmelskreis
> und schritt durch die Tiefen der Fluten dahin.
> Über die Wogen des Meeres und die Grundfesten der Erde,
> über jedes Volk und Geschlecht hatte ich Gewalt.
> ...
> Vor aller Zeit, von Anfang an hat er mich geschaffen,
> und in Ewigkeit werde ich kein Ende nehmen.
> Im heiligen Zelte diente ich vor ihm,
> und ebenso erhielt ich in Zion einen festen Sitz.
> In der Stadt, die er liebt wie mich, ließ ich mich nieder,
> und in Jerusalem übte ich meine Macht aus.
> ...
> Wie eine Zeder auf dem Libanon wuchs ich in die Höhe,

---

[31] Sprüche 8,22–31.

> wie eine Zypresse auf den Bergen des Hermon;
> wie eine Palme zu Engedi schoß ich auf
> und wie Rosenbüsche zu Jericho;
> wie ein stattlicher Ölbaum in der Niederung
> und wie eine Platane am Wasser ragte ich empor.
> Wie Zimt und Würzbalsam duftete ich
> und verbreitete Wohlgeruch wie erlesene Myrrhe.
> ...
>
> Wie eine Terebinthe breitete ich meine Wurzeln aus,
> und meine Zweige waren voll Pracht und Anmut;
> wie ein Weinstock sproßte ich lieblich auf,
> und meine Triebe waren voll Schönheit und Reichtum.
> Ich bin die Mutter der edeln Liebe,
> der Furcht, der Erkenntnis und der heiligen Hoffnung;
> ich werde allen meinen Kindern geschenkt,
> als ewige (Gabe) aber nur denen, die von Gott erwählt sind.[32]

Es lohnt sich, diesen Text etwas näher zu betrachten. Die Weisheit bezeichnet sich selber als Logos, als Wort Gottes. Als die Ruach, der Geist Gottes, hat sie im Anfang die Tiefe inkubiert. Wie Gott hat sie ihren Thron im Himmel. Als kosmogonisches Pneuma durchdringt sie Himmel und Erde und alle Geschöpfe. Ihr entspricht sozusagen in jedem Zuge der Logos von Johannes 1. Wir werden unten sehen, inwiefern diese Beziehung auch inhaltlich belangreich ist.

Sie ist das weibliche Numen der »Metropolis« par excellence, der Mutterstadt Jerusalem. Sie ist die Mutter-Geliebte, ein Abbild der Ishtar, der heidnischen Stadtgöttin. Dies wird bestätigt durch die ausführliche Vergleichung der Weisheit mit Bäumen, wie Zeder, Palme, Terebinthe, Ölbaum, Zypresse usw. Alle diese Bäume sind seit alters Symbole der semitischen Liebes- und Muttergöttin. Neben ihrem Altar an hochgelegenen Orten stand ein heiliger Baum. Im Alten Testament sind Eichen und Terebinthen Orakelbäume. Gott oder Engel erscheinen in oder bei Bäumen. David konsultiert ein Maulbeerbaumorakel.[33] Auch repräsentiert der Baum (babylonisch) Tammuz, den Sohn-Geliebten, wie Osiris, Adonis, Attis und Dionysos, die früh sterbenden Götter Vorderasiens. Alle diese symbolischen Attribute erscheinen auch im Hohenlied, wo sie beide, den Sponsus sowohl wie die Sponsa, charakterisieren. Der Weinstock, die Traube, die Weinblüte und der Weinberg spielen eine beträchtliche Rolle. Der Geliebte ist wie ein

---

[32] Jesus Sirach 24,3–18.
[33] 2. Samuel 5,23 f.

Apfelbaum. Von den Bergen (den Kultstätten der Muttergöttin) soll die Geliebte heruntersteigen, den Wohnstätten der Löwen und Panther;[34] ihr »Schoß ist ein Park von Granatbäumen mit allerlei köstlichen Früchten, Cypertrauben... Narde und Safran, Gewürzrohr und Zimt... Myrrhen und Aloe mit den allerbesten Balsamen«.[35] Ihre Hände triefen von Myrrhe.[36] (Adonis ist aus Myrrhe geboren!) Wie der Heilige Geist wird die Weisheit allen Erwählten Gottes geschenkt, worauf die Lehre vom Parakleten später zurückgreifen wird.

In dem noch späteren Apokryphon Die Weisheit Salomos (100 bis 50 vor Christus), tritt die pneumatische Natur der Sophia sowohl wie ihr weltbildnerischer Charakter als Maya noch deutlicher hervor: »Denn ein menschenfreundlicher Geist ist die Weisheit.«[37] Die Weisheit ist die »Werkmeisterin aller Dinge«.[38] »In ihr wohnt ein vernunftvoller heiliger Geist« (pneuma noeron hagion), »ein Hauch (atmis) der Kraft Gottes«, ein »Ausfluß (aporroia) der Herrlichkeit des Allmächtigen«, ein »Abglanz des ewigen Lichtes, ein fleckenloser Spiegel des göttlichen Wirkens«,[39] ein feinstoffliches Wesen, das alle Dinge durchzieht. Sie steht mit Gott in vertrautem Verkehr (symbiōsin... echousa), und der Herr des Alls (pantōn despotēs) liebt sie.[40] »Wer in aller Welt ist eine größere Werkmeisterin als sie?«[41] Sie wird vom Himmel und vom Thron der Herrlichkeit als ein »heiliger Geist« entsendet.[42] Als ein Psychopompos führt sie zu Gott und sichert die Unsterblichkeit.[43]

Das Buch der Weisheit ist emphatisch in bezug auf die Gerechtigkeit Gottes und wagt sich wohl nicht ohne pragmatische Absicht auf einen sehr dünnen Ast hinaus: »Die Gerechtigkeit ist unsterblich, die Ungerechtigkeit aber schafft sich den Tod.«[44] Die Ungerechten und Gottlosen aber sagen:

Vergewaltigen wir den armen Gerechten...

...

Unsere Stärke sei der Maßstab für die Gerechtigkeit, denn das Schwache erweist sich als unbrauchbar.

---

[34] Hohelied 4,8.
[35] Hohelied 4,13–14.
[36] Hohelied 5,5.
[37] Weisheit 1,6 (LXX: Philanthrōpon pneuma sophia. Ebenso 7,23.).
[38] Weisheit 7,22 (LXX: pantōn technitis).
[39] Weisheit 7,22–26.
[40] Weisheit 8,3.
[41] Weisheit 8,6.
[42] Weisheit 9,10 und 17.
[43] Weisheit 6,18 und 8,13.
[44] Weisheit 1,15.

Auflauern wollen wir dem Gerechten.
...
Er wirft uns Übertretung des Gesetzes vor
und schilt uns über unseren Mangel an Zucht.
Er rühmt sich, die Erkenntnis Gottes zu besitzen,
und nennt sich einen Knecht des Herrn.
Er ward uns zum Vorwurf gegen unsere Gesinnung.
...
Durch Hohn und Qual wollen wir ihn auf die Probe stellen,
damit wir seine Sanftmut kennen lernen
und seine Standhaftigkeit im Leiden prüfen.[45]

Wo haben wir kurz zuvor gelesen: »Und der Herr sprach zum Satan: Hast du achtgehabt auf meinen Knecht Hiob, daß seinesgleichen keiner ist auf Erden, ein Mann so fromm und bieder, so gottesfürchtig und dem Bösen feind? Noch hält er fest an seiner Frömmigkeit; und du hast mich wider ihn gereizt, ihn ohne Ursache zu verderben«?[46] »Weisheit ist besser als Stärke«, sagt der Prediger.[47]

Wohl nicht aus bloßer Gedankenlosigkeit und Unbewußtheit, sondern aus tieferem Beweggrund rührt hier das Buch der Weisheit an die empfindliche Stelle, was allerdings erst dann ganz verständlich würde, wenn es uns gelingen sollte, herauszufinden, in welcher Beziehung das Buch Hiob zu der zeitlich nahen Veränderung im Status Jahwes, eben zum Auftreten der Sophia, steht. Es handelt sich dabei keineswegs um eine literarhistorische Überlegung, sondern vielmehr um das dem Menschen gegenwärtige Schicksal Jahwes. Aus den alten Schriften wissen wir, daß das göttliche Drama sich zwischen dem Gott und seinem Volke vollzieht, welches ihm, der männlichen Dynamis, wie ein Weib angetraut ist und über dessen Treue er eifersüchtig wacht. Ein individueller Fall ist Hiob, dessen Treue einer grausamen Prüfung unterzogen wird. Erstaunlich leicht, sagte ich oben, gibt Jahwe der Einflüsterung des Satan nach. Wenn es wahr ist, daß er Hiob vollkommen vertraut, so wäre es nichts als logisch, wenn er diesen in Schutz nähme, dafür den übelwollenden Verleumder entlarvte und ihn die Diffamierung des getreuen Gottesknechtes nachdrücklich entgelten ließe. Aber Jahwe denkt nicht daran, auch nachher nicht, nachdem sich Hiobs Unschuld erwiesen hat. Man hört nichts von Tadel oder Mißbilligung Satan gegenüber. Man kann darum an Jahwes Konnivenz

---

[45] Weisheit 2,10–19.
[46] Hiob 2,3.
[47] Prediger 9,16.

nicht zweifeln. Seine Bereitschaft, Hiob dem mörderischen Zugriff Satans zu überlassen, beweist, daß er darum an Hiob zweifelt, weil er seine eigene Tendenz zur Untreue auf einen Sündenbock projiziert. Es besteht nämlich der Verdacht, daß er den Ehebund mit Israel zu lockern sich anschickt, diese Absicht aber sich selber verheimlicht. Die daher, unbestimmt irgendwo, gewitterte Untreue veranlaßt ihn, mittels des Satan den Untreuen ausfindig zu machen, und er findet ihn ausgerechnet im Treuesten der Treuen, der nunmehr einem hochnotpeinlichen Verfahren unterworfen wird. Jahwe ist seiner eigenen Treue unsicher geworden.

Gleichzeitig oder etwas später wird es ruchbar, was geschehen ist: Er hat sich eines weiblichen Wesens, das ihm nicht minder gefällig ist als den Menschen, erinnert, einer Freundin und Gespielin seit der Urzeit, eines Erstlings aller Gottesgeschöpfe, eines fleckenlosen Abglanzes seiner Herrlichkeit von aller Ewigkeit her und einer Werkmeisterin der Schöpfung, seinem Herzen näher verwandt und vertraut als die späten Nachfahren des sekundär geschaffenen, mit der Gottesimago geprägten Protoplasten (Urmensch). Es ist wohl eine dira necessitas, welche den Grund zu dieser Anamnesis der Sophia bildet: es konnte nicht mehr so weitergehen wie bisher; der »gerechte« Gott konnte nicht mehr selber Ungerechtigkeiten begehen und der »Allwissende« sich nicht mehr so verhalten, wie ein ahnungs- und gedankenloser Mensch. Selbstreflexion wird zur gebieterischen Notwendigkeit, und dazu braucht es Weisheit: Jahwe muß sich seines absoluten Wissens erinnern. Denn wenn Hiob Gott erkennt, dann muß auch Gott sich selber erkennen. Es konnte nicht sein, daß aller Welt Jahwes Doppelnatur ruchbar wurde und nur ihm selber verborgen blieb. Wer Gott erkennt, wirkt auf ihn. Das Scheitern des Versuches, Hiob zu verderben, hat Jahwe gewandelt.

Wir wollen nun das, was auf die Gotteswandlung folgt, aus den Andeutungen der Heiligen Schrift und der Geschichte zu rekonstruieren versuchen. Zu diesem Zwecke müssen wir in die Urzeit der Genesis zurückkehren, und zwar zum Urmenschen ante lapsum. Dieser hat als Adam die Eva, als seine weibliche Entsprechung, aus seiner Seite durch die Mithilfe des Schöpfers hervorgebracht, wie letzterer aus seinem Urstoffe den hermaphroditischen Adam und mit ihm den gottähnlich geprägten Teil der Menschheit, nämlich das Volk Israel und andere Nachkommen Adams, geschaffen hat.[48] In geheimer Entsprechung mußte es Adam geschehen, daß sein erster Sohn (gleich wie Satan) ein Übeltäter und

---

[48] Was den nicht gottähnlich geprägten Teil der Menschheit anbetrifft, der wahrscheinlich von Anthropoiden aus der Zeit vor Adam stammt, siehe oben S. 20.

Mörder vor dem Herrn war, womit sich der Prolog im Himmel auf der Erde wiederholte. Man kann unschwer vermuten, daß hierin der tiefere Grund liegt, warum Jahwe den mißratenen Kain in seinen besonderen Schutz nahm, ist er doch Satans getreues Abbild im Diminutiv. Von einem Vorbild für den frühverblichenen Abel, der Gott lieber war als Kain, der fortschrittliche (und darum wahrscheinlich von einem Satansengel instruierte) Ackerbauer, haben wir allerdings nichts gehört. Vielleicht war es ein anderer Gottessohn, von konservativerer Natur als Satan; kein Herumschweifer, der neuen und schwarzen Gedanken nachhing, sondern in Kindesliebe dem Vater verbunden, der keine anderen als die väterlichen Gedanken hegt und im inneren Kreise der himmlischen Ökonomie verweilt. Darum wohl auch kann sein irdisches Abbild Abel so bald wieder »der bösen Welt enteilen«, um mit dem Buche der Weisheit zu reden, und zum Vater zurückkehren, während Kain den Fluch seiner Fortschrittlichkeit einerseits und seiner moralischen Minderwertigkeit andererseits im irdischen Dasein auskosten muß.

Wenn der Urvater Adam das Abbild des Schöpfers trägt, so sein Sohn Kain sicherlich dasjenige des Gottessohnes Satan, und darum dürfte begründete Vermutung bestehen, daß auch der Gottesliebling Abel seine Entsprechung en hyperouraniō topō (an überhimmlischem Orte) hatte. Die ersten bedenklichen Zwischenfälle, die sich gleich anfangs in einer anscheinend geglückten und befriedigenden Schöpfung ereigneten, der Sündenfall und der Brudermord, lassen aufhorchen, und man muß sich unwillkürlich vergegenwärtigen, daß die Anfangssituation, als nämlich der Geist Gottes den wüsten Abgrund bebrütete, kaum ein schlechthin vollkommenes Resultat erwarten läßt. Auch hat der Schöpfer, der sonst jeden Tag seines Werkes als gut befand, es unterlassen, dem, was am Montag geschah, eine gute Zensur zu geben. Er sagte einfach nichts; ein Umstand, der ein »argumentum ex silentio« begünstigt! Was an jenem Tag geschah, ist die endgültige Trennung der oberen und der unteren Wasser durch die dazwischen befindliche Feste. Es ist klar, daß dieser unvermeidliche Dualismus schon damals, wie auch später, nicht recht ins monotheistische Konzept passen wollte, weil er auf eine metaphysische Zwiespältigkeit hinweist. Dieser Spalt muß, wie wir aus der Geschichte wissen, durch die Jahrtausende hindurch immer wieder geflickt, verheimlicht oder gar geleugnet werden. Trotz alledem hat er sich gleich zu Anfang schon im Paradies zur Geltung gebracht, indem dem Schöpfer, im Gegensatz zu seinem Programm, den Menschen als das klügste Wesen und als Herrn der Geschöpfe am letzten Schöpfungstag erscheinen zu lassen, eine merkwürdige Inkonsequenz unterlief oder unterschoben wurde, nämlich die Erschaffung der Schlange, die sich als erheblich klüger und bewußter als Adam und zudem als vor ihm entstanden erwies. Es ist kaum zu vermuten, daß Jahwe sich selber einen solchen Streich gespielt hätte; viel wahrscheinlicher dagegen hat hier sein Sohn, der Satan, seine Hand im Spiele. Er ist ein Trickster und Spielverderber und liebt es, ärgerliche Zwischenfälle zu veranlassen. Jahwe hat zwar die Reptilien vor Adam erschaffen, aber es waren die gewöhnlichen, höchst unintelligenten Schlangen, unter denen sich Satan eine Baumschlange gewählt hat, um in deren Gestalt zu schlüpfen. Von da an verbreitet sich das Gerücht, daß die Schlange to pneumatikōtaton zōon (das geistigste Tier)[49] sei. Auch wird sie nachmals zum beliebtesten Symbol für den nous (Geist, Verstand), kommt so zu hohen Ehren und darf selbst den zweiten Gottessohn symbolisieren, weil dieser als der welterlösende *Logos* (der vielfach mit Nous als identisch erscheint) verstanden wird. Eine später entstandene Sage will es haben, daß die Schlange im Paradies *Lilith*, Adams erste Frau, gewesen sei, mit der dieser das Heer der Dämonen erzeugt habe. Diese Sage vermutet ebenfalls einen Trick, der kaum in der Absicht des Weltschöpfers gelegen hat. Die Heilige Schrift kennt denn auch nur Eva als legitime Gattin. Merkwürdig bleibt aber, daß der das Abbild Gottes darstellende Urmensch in der Tradition ebenfalls zwei Frauen hat, wie sein himmlischer Prototypus. Wie dieser mit dem Weibe Israel legitim verbunden ist, dabei aber seit Ewigkeit ein weibliches Pneuma zur vertrauten Gefährtin hat, so hat Adam zuerst Lilith (die Tochter oder Emanation des Satan) zur Frau als (satanische) Entsprechung zu Sophia. Eva aber entspräche dem Volke Israel. Wir wissen natürlich nicht, warum man erst so spät vernommen hat, daß die Ruach Elohim, der »Geist Gottes«, nicht nur weiblich ist, sondern auch relativ selbständig neben Gott besteht, und daß längst vor der Ehe mit Israel eine Beziehung Jahwes zu Sophia existiert hat. Auch wissen wir nicht, was der Grund ist, daß in den älteren Traditionen das Wissen um diesen ersten Bund in Verlust geriet. Man hat übrigens auch sehr spät erst von der mißlichen Beziehung Adams zu Lilith gehört. Ob Eva für Adam eine ebenso unbequeme Gattin war, wie das sozusagen beständig mit Untreue flirtende Volk für Jahwe, entzieht sich unserer Kenntnis. Jedenfalls bedeutet das Familienleben der Ureltern nicht eitel Freude: Ihre beiden ersten Söhne stellen den Typus des feindlichen Brüderpaares dar, denn damals bestand anscheinend noch die Sitte, mythologische Motive zu verwirklichen. (Heutzutage wird dies als anstößig empfunden und darum, wenn es vorkommt,

---

[49] Welche Ansicht sich bei Philo Iudaeus findet.

geleugnet.) Die Eltern können sich in den erblich belastenden Faktor teilen: Adam muß sich nur an seine Dämonenprinzessin erinnern, und Eva darf nicht vergessen, daß sie die erste war, die sich auf die Lockung der Schlange eingelassen hat. Wie der Sündenfall, so ist auch das Kain-Abel-Intermezzo kaum auf der Liste der trefflichen Schöpfungsgegenstände erwähnt. Man darf diesen Schluß ziehen, weil Jahwe selber über die erwähnten Zwischenfälle nicht im voraus unterrichtet zu sein schien. Wie später, so besteht schon hier der Verdacht, daß aus der Allwissenheit keine Schlüsse gezogen wurden, das heißt, Jahwe besinnt sich nicht auf sein Allwissen und ist infolgedessen nachher vom Resultat überrascht. Dieses Phänomen läßt sich auch bei Menschen beobachten, nämlich überall dort, wo man sich den Genuß seiner eigenen Emotion nicht versagen kann. Es ist zuzugeben, daß ein Wutanfall oder eine Trauer ihre heimlichen Reize haben. Wenn dem nicht so wäre, hätten sogar die meisten Menschen schon einige Weisheit erlangt.

Von hier aus vermögen wir vielleicht etwas besser zu verstehen, was sich mit Hiob ereignet hat. Im pleromatischen oder Bardozustand[50] (wie die Tibeter ihn nennen) herrscht zwar ein vollkommenes Weltenspielen, aber mit der Schöpfung, das heißt mit dem Übertritt der Welt in das distinkte Geschehen in Raum und Zeit beginnen die Ereignisse sich aneinander zu reiben und zu stoßen. Verdeckt und geschützt vom Saume des väterlichen Mantels setzt Satan bald hier bald dort falsche und in anderer Hinsicht richtige Akzente, wodurch Verwicklungen entstehen, die auf dem Plane des Schöpfers anscheinend nicht vorgezeichnet waren und darum als Überraschungen wirken. Während die unbewußte Kreatur, wie Tiere, Pflanzen und Kristalle, soweit wir wissen, befriedigend funktioniert, geht es mit dem Menschen irgendwie anhaltend schief. Zwar ist anfänglich sein Bewußtsein nur unmerklich höher als das der Tiere, weshalb auch seine Willensfreiheit sich als äußerst beschränkt erweist. Aber Satan interessiert sich für ihn und experimentiert in seiner Art mit ihm, verführt ihn zu Ungehörigkeiten, und seine Engel lehren ihn Wissenschaften und Künste, welche bisher der Vollkommenheit des Pleromas vorbehalten waren. (Satan hätte schon damals den Namen »Lucifer« verdient!) Die sonderbaren, nicht vorausgesehenen Extravaganzen der Menschen erregen Jahwes Affekte und verwickeln ihn dadurch in seine eigene Schöpfung. Göttliche Interventionen werden zu gebieterischen Notwendigkeiten. Es ist diesen aber ärgerlicherweise jeweils nur vorübergehender Erfolg beschieden, selbst die drakonische Strafe der Ertränkung alles Lebenden (mit Ausnahme der Erwähl-

---

[50] Vgl. den Kommentar zum ›Bardo Thödol‹ GW 11.

ten), welcher nach der Auffassung des alten Johann Jakob Scheuchzer sogar die Fische nicht entgangen sind (wie die Petrefakte ausweisen), hat keine dauernde Wirkung. Die Schöpfung erweist sich nach wie vor als infiziert. Seltsamerweise sucht Jahwe die Ursache dafür immer bei den Menschen, die anscheinend nicht gehorchen wollen, nie aber bei seinem Sohn, dem Vater aller Trickster. Diese unrichtige Orientierung kann seine ohnehin schon reizbare Natur nur verschärfen, so daß die Gottesfurcht bei den Menschen allgemein zum Prinzip und sogar als Anfang aller Weisheit betrachtet wird. Während die Menschen sich unter dieser harten Zucht anschicken, ihr Bewußtsein durch den Erwerb einer gewissen Weisheit, das heißt zunächst Vorsicht oder Besonnenheit,[51] zu erweitern, wird aus dieser historischen Entwicklung ersichtlich, daß Jahwe seine pleromatische Koexistenz mit Sophia seit den Tagen der Schöpfung offensichtlich aus den Augen verloren hat. An ihre Stelle tritt der Bund mit dem auserwählten Volk, das dadurch in die weibliche Rolle gedrängt wird. Das damalige »Volk« bestand in einer patriarchalen Männergesellschaft, in welcher der Frau nur eine sekundäre Bedeutung zukam. Die Gottesehe mit Israel war daher eine wesentlich männliche Angelegenheit, etwa wie die (ungefähr gleichzeitige) Gründung der griechischen Polis. Die Unterlegenheit der Frau war eine ausgemachte Sache. Die Frau galt als unvollkommener als der Mann, wie schon die Anfälligkeit der Eva für die Einflüsterungen der Schlange im Paradies ausweist. Die *Vollkommenheit* ist ein männliches Desideratum, während die Frau von Natur aus zur *Vollständigkeit* neigt. Und in der Tat kann auch heute noch der Mann besser und auf längere Zeit eine relative Vollkommenheit aushalten, während sie der Frau in der Regel nicht gut bekommt und ihr sogar gefährlich werden kann. Wenn die Frau nach Vollkommenheit strebt, so vergißt sie ihrer diese ergänzenden Rolle, nämlich die der Vollständigkeit, die zwar an sich unvollkommen ist, aber dafür das der Vollkommenheit so notwendige Gegenstück bildet. Denn wie die Vollständigkeit stets unvollkommen, so ist die Vollkommenheit stets unvollständig und stellt darum einen Endzustand dar, der hoffnungslos steril ist. »Ex perfecto nihil fit«, sagen die alten Meister, während dagegen das »imperfectum« die Keime zukünftiger Verbesserung in sich trägt. Der Perfektionismus endet immer in einer Sackgasse, während die Vollständigkeit allein der selektiven Werte ermangelt.

Der Ehe mit Israel liegt ein perfektionistisches Vorhaben Jahwes zugrunde. Damit ist jene Bezogenheit, die man als »Eros« bezeich-

---

[51] Vgl. phronimōs im Gleichnis vom ungetreuen Haushalter (Lukas 16,8).

nen könnte, ausgeschlossen. Der Mangel an Eros, das heißt an Wertbeziehung, tritt im Hiob recht deutlich hervor: Das herrliche Paradigma der Schöpfung ist ein Ungetüm, nicht etwa der Mensch – wohlgemerkt! Jahwe hat keinen Eros, keine Beziehung zum Menschen, sondern nur zu einem Zwecke, zu dem ihm der Mensch verhelfen soll. Das alles hindert aber nicht, daß er eifersüchtig und mißtrauisch ist wie nur je ein Ehegatte, aber er meint sein Vorhaben und nicht den Menschen.

Die Treue des Volkes wird um so wichtiger, je mehr Jahwe der Weisheit vergißt. Aber das Volk verfällt immer wieder der Treulosigkeit, trotz vielfacher Gunstbeweise. Dieses Verhalten hat Jahwes Eifersucht und Mißtrauen natürlich nicht besänftigt, daher fällt die Insinuation Satans auf fruchtbaren Boden, als er den Zweifel an Hiobs Treue in das väterliche Ohr träufelt. Trotz aller Überzeugung von des letzteren Treue gibt er ohne Zögern seine Zustimmung zu den schlimmsten Quälereien. Man vermißt hier die Menschenfreundlichkeit der Sophia mehr als sonst. Selbst Hiob schon sehnt sich nach der unauffindbaren Weisheit.[52]

Hiob bezeichnet den Höhepunkt dieser mißlichen Entwicklung. Er stellt als Paradigma einen Gedanken dar, der in der damaligen Menschheit reif geworden ist, einen gefährlichen Gedanken, welcher an die Weisheit der Götter und der Menschen einen hohen Anspruch stellt. Hiob ist sich dieses Anspruches zwar bewußt, weiß aber offenbar nicht genügend um die mit Gott koäterne Sophia. Weil die Menschen der Willkür Jahwes sich ausgeliefert fühlen, bedürfen sie der Weisheit, nicht aber Jahwe, dem bisher nichts entgegensteht als die Nichtigkeit des Menschen. Mit dem Hiobdrama ändert sich die Situation aber von Grund auf. Hier stößt Jahwe auf den standhaften Menschen, der an seinem Recht festhält, bis er der brutalen Macht weichen muß. Er hat das Angesicht Gottes und dessen unbewußte Zwiespältigkeit gesehen. Gott war erkannt, und diese Erkenntnis wirkte nicht nur in Jahwe, sondern auch in den Menschen weiter, und so sind es die Menschen der letzten vorchristlichen Jahrhunderte, welche, unter der leisen Berührung durch die präexistente Sophia, Jahwe und seine Haltung kompensierend, gleichzeitig die Anamnesis der Weisheit vollziehen. Die Weisheit, in hohem Maße personifiziert und damit ihre Autonomie bekundend, offenbart sich ihnen als freundlicher Helfer und Anwalt Jahwe gegenüber und zeigt ihnen den lichten, gütigen, gerechten und liebenswerten Aspekt ihres Gottes.

Damals, als der Satansstreich das als vollkommen geplante Para-

---

[52] Hiob 28,12: »Doch die Weisheit – wo ist sie zu finden?« Ob diese Stelle eine spätere Interpolation ist oder nicht, tut hier nichts zur Sache.

dies kompromittierte, hat Jahwe Adam und Eva, die er als Abbild seines männlichen Wesens und seiner weiblichen Emanation schuf, in die außerparadiesische Schalen- oder Zwischenwelt verbannt. Es bleibt dunkel, wie viel an der Eva Sophia darstellt und wieviel von ersterer Lilith meint. Adam besitzt die Priorität in jeder Hinsicht. Eva ist sekundär seinem Leibe entnommen. Sie kommt daher an zweiter Stelle. Ich erwähne diese Einzelheit aus der Genesis, weil das Wiederauftreten der Sophia im göttlichen Raume auf kommende Schöpfungsereignisse hinweist. Sie ist ja die »Werkmeisterin«; sie verwirklicht die Gedanken Gottes, indem sie ihnen stoffliche Gestalt verleiht, was eine Prärogative des weiblichen Wesens überhaupt darstellt. Ihr Zusammensein mit Jahwe bedeutet den ewigen Hierosgamos, aus welchem Welten gezeugt und geboren werden. Eine große Wendung steht bevor: *Gott will sich im Mysterium der himmlischen Hochzeit erneuern* (wie die ägyptischen Hauptgötter es von jeher getan haben) *und will Mensch werden*. Er benützt hiezu anscheinend die ägyptische Vorlage der Gottesinkarnation im Pharao, welche aber ihrerseits wiederum ein bloßes Abbild des ewigen pleromatischen Hierosgamos ist. Aber es wäre nicht korrekt anzunehmen, daß sich dieser Archetypus sozusagen mechanisch wiederholt. Das ist, soviel wir wissen, nie der Fall, indem archetypische Situationen nur auf besondere Veranlassung wiederkehren. Der eigentliche Grund für die Menschwerdung ist in der Auseinandersetzung mit Hiob zu suchen. Wir werden unten noch ausführlicher auf diese Frage zurückkommen.

4.

Wie der Entschluß zur Menschwerdung sich anscheinend des altägyptischen Vorbildes bedient, so können wir auch erwarten, daß der Verlauf derselben im einzelnen sich an gewisse Präfigurationen anlehnen wird. *Die Annäherung der Sophia bedeutet neue Schöpfung.* Diesmal soll aber nicht die Welt geändert werden, sondern Gott will sein eigenes Wesen wandeln. Die Menschheit soll nicht, wie früher, vernichtet, sondern *gerettet* werden. Man erkennt in diesem Entschluß den menschenfreundlichen Einfluß der Sophia: Es sollen keine neuen Menschen geschaffen werden, sondern nur Einer, der *Gottmensch.* Zu diesem Zwecke muß ein umgekehrtes Verfahren angewendet werden. Der männliche Adam secundus soll nicht als Erster unmittelbar aus der Hand des Schöpfers hervorgehen, sondern er soll aus dem menschlichen Weibe geboren werden. Die Priorität fällt diesmal also der Eva secunda zu, und zwar nicht etwa nur in zeitlichem, sondern auch in substantiellem

Sinne. Mit Berufung auf das sogenannte Proto-Evangelium, nämlich speziell Genesis 3,15, entspricht die zweite Eva dem »Weibe und seinem Samen«, das der Schlange »den Kopf zertreten« wird. Wie Adam als ursprünglich hermaphroditisch gilt, so gilt auch das »Weib und sein Samen« als ein Menschenpaar, nämlich als die Regina coelestis und Gottesmutter einerseits und der göttliche Sohn, der keinen menschlichen Vater hat, andererseits. So wird Maria, die Jungfrau, als reines Gefäß für die kommende Gottesgeburt auserwählt. Ihre Selbständigkeit und Unabhängigkeit vom Manne wird durch ihre prinzipielle Jungfrauschaft hervorgehoben. Sie ist eine »Gottestochter«, die, wie später dogmatisch festgestellt wird, von allem Anfang an schon durch das Privileg der unbefleckten Empfängnis ausgezeichnet und damit von der Befleckung der Erbsünde befreit ist. Ihre Zugehörigkeit zum »status ante lapsum« ist daher evident. Damit wird ein neuer Anfang gesetzt. Die göttliche Makellosigkeit ihres Zustandes läßt ohne weiteres erkennen, daß sie nicht nur die imago Dei in ungeminderter Reinheit trägt, sondern daß sie als Gottesbraut auch ihren Prototypus, die Sophia, inkarniert. Ihre in den alten Dokumenten ausführlich hervorgehobene Menschenfreundlichkeit läßt vermuten, daß Jahwe in dieser seiner neuesten Schöpfung sich von Sophia in wesentlichen Stükken hat bestimmen lassen. Denn Maria, die »gebenedeite unter den Weibern«, ist eine Freundin und Fürbitterin der Sünder, welche die Menschen allesamt sind. Sie ist wie Sophia eine mediatrix, die zu Gott führt und den Menschen dadurch das Heil der Unsterblichkeit sichert. Ihre assumptio ist das Vorbild für die leibliche Auferstehung des Menschen. Als Gottesbraut und Himmelskönigin hat sie die Stelle der alttestamentlichen Sophia inne.

Bemerkenswert sind die ungewöhnlichen Vorsichtsmaßnahmen, mit welchen die Gestaltung der Maria umgeben wird: conceptio immaculata, Ausmerzung der macula peccati, immerwährende Virginität. Damit wird die Gottesmutter offenkundig gegen die Streiche Satans gesichert. Man darf aus dieser Tatsache schließen, daß Jahwe seine Allwissenheit zu Rate gezogen hat, denn in dieser besteht ein klares Wissen um die perversen Neigungen, denen der dunkle Gottessohn huldigt. Maria muß unbedingt vor dessen korrumpierenden Einflüssen geschützt werden. Die unvermeidliche Folge dieser eingreifenden Schutzmaßnahmen ist allerdings ein Umstand, den man bei der dogmatischen Bewertung der Inkarnation ungenügend in Rechnung gesetzt hat: Die Befreiung von der Erbsünde enthebt die Jungfrau auch der allgemeinen Menschheit, deren gemeinsames Merkmal die Erbsünde und daher die Erlösungsbedürftigkeit ist. Der »status ante lapsum« bedeutet soviel als paradiesische, das heißt pleromatische und göttliche Existenz. Maria wird durch die Anwendung besonderer Schutzmaßnahmen sozusagen zum Status einer Göttin erhoben und büßt damit ihre volle Menschlichkeit ein: Sie wird ihr Kind nicht wie alle anderen Mütter in der Sünde empfangen und daher wird es auch nie ein Mensch, sondern ein Gott sein. Man hat – meines Wissens wenigstens – nie gesehen, daß damit die wirkliche Menschwerdung Gottes in Frage gestellt, beziehungsweise nur teilweise vollzogen wurde. *Beide, Mutter und Sohn, sind keine wirklichen Menschen, sondern Götter.*

Diese Veranstaltung bedeutet zwar eine Erhöhung der Persönlichkeit Mariae im männlichen Sinn, indem sie der Vollkommenheit Christi angenähert wird, aber zugleich auch eine Kränkung des weiblichen Prinzips der Unvollkommenheit beziehungsweise der Vollständigkeit, indem dieses durch Perfektionierung bis auf jenen kleinen Rest, der Maria noch von Christus unterscheidet, vermindert wird – »Phoebo propior lumina perdit«! Je mehr somit das weibliche Ideal in die Richtung des männlichen umgebogen wird, desto mehr verliert die Frau die Möglichkeit, das männliche Streben nach Vollkommenheit zu kompensieren, und es entsteht ein männlich idealer Zustand, der, wie wir sehen werden, von einer Enantiodromie bedroht ist. Über die Vollkommenheit hinaus führt kein Weg in die Zukunft, es sei denn eine Umkehr, das heißt eine Katastrophe des Ideals, welche durch das weibliche Ideal der Vollständigkeit hätte vermieden werden können. Mit dem jahwistischen Perfektionismus hat sich das Alte Testament in das Neue fortgesetzt, und trotz aller Anerkennung und Erhöhung des weiblichen Prinzips ist dieses gegenüber der patriarchalen Herrschaft nicht durchgedrungen. Es wird also noch von sich hören lassen.

5.

Bei den von Satan verdorbenen Ureltern war der erste Sohn mißraten. Er war ein eidolon Satans, und nur der jüngere Sohn Abel war Gott wohlgefällig. Das Gottesbild war in Kain entstellt; in Abel dagegen war es bedeutend weniger getrübt. Wie der ursprüngliche Adam als Abbild Gottes gedacht ist, so stellt der wohlgeratene Gottessohn, das Vorbild Abels (über das, wie wir sahen, keine Dokumente vorliegen), die Präfiguration des Gottmenschen dar. Von letzterem wissen wir positiv, daß er als Logos präexistent und koätern, ja sogar homoousios (gleichen Wesens) mit Gott ist. Man kann Abel daher als unvollkommenen Prototyp des nunmehr in Maria zu erzeugenden Gottessohnes betrachten. Wie Jahwe ursprünglich den Versuch unternahm, sich im Urmenschen Adam ein chthonisches Äquivalent zu schaffen, so beabsichtigt er jetzt etwas Ähnliches, aber bedeutend Besseres. Diesem Zwecke dienen die oben erwähnten außerordentlichen Vorsichtsmaßnahmen. Der neue Sohn, Christus, soll wie Adam einerseits chthonischer Mensch, also leidensfähig und sterblich, andererseits aber nicht wie Adam ein bloßes Abbild, sondern Gott selber sein, von sich selbst als Vater erzeugt und als Sohn den Vater verjüngend. Als Gott ist er schon immer Gott gewesen und als Sohn der Maria, die, wie ersichtlich, ein Abbild der Sophia darstellt, ist er der Logos (synonym mit Nous), welcher, wie Sophia, ein Werkmeister der Schöpfung ist, wie das Johannesevangelium berichtet.[53] Diese Identität von Mutter und Sohn wird von der Mythologie vielfach beglaubigt.

Obschon es sich bei der Geburt Christi um ein geschichtliches und einmaliges Ereignis handelt, so ist es doch immer schon in der Ewigkeit vorhanden gewesen. Dem Laien in diesen Dingen ist die Vorstellung der Identität eines unzeitlichen und ewigen mit einem einmaligen historischen Ereignis stets schwergefallen. Er muß sich aber an den Gedanken gewöhnen, daß »Zeit« ein relativer Begriff ist und eigentlich ergänzt werden sollte durch den Begriff einer »gleichzeitigen« Bardo- oder pleromatischen Existenz aller geschichtlichen Vorgänge. Was im Pleroma als ein ewiger »Vorgang« vorhanden ist, das erscheint in der Zeit als aperiodische Sequenz, das heißt in vielfacher unregelmäßiger Wiederholung. Um nur *ein* Beispiel zu geben: Jahwe hat einen mißratenen und einen guten Sohn. Diesem Prototypus entsprechen Kain und Abel, sowie Jakob und Esau, und in allen Zeiten und Zonen das Motiv der feindlichen Brüder, welches in unzähligen modernen Varianten noch die Familien spaltet und den Psychotherapeuten beschäftigt. Ebenso viele und ebenso instruktive Beispiele ließen sich für die in der Ewigkeit vorgezeichneten zwei Frauen beibringen. Derartige Dinge sind deshalb, wenn sie als moderne Varianten erscheinen, nicht etwa bloß für persönliche Zwischenfälle, Launen oder zufällige individuelle Idiosynkrasien zu halten, sondern für den in zeitliche Einzelereignisse auseinandergefallenen pleromatischen Vorgang, der einen unerläßlichen Bestandteil oder Aspekt des göttlichen Dramas bedeutet.

Als Jahwe die Welt aus seiner Urmaterie, dem sogenannten »Nichts«, schuf, konnte er gar nicht anders, als sich selber in die Schöpfung, die er in jedem Stücke selber ist, hineingeheimnissen,

---

[53] Johannes 1,3: »Alle Dinge sind durch dasselbe geworden, und ohne das Wort ist auch nicht eines geworden, das geworden ist.«

wovon jede vernünftige Theologie schon längstens überzeugt ist. Daher kommt die Überzeugung, man könne Gott aus seiner Schöpfung erkennen. Wenn ich sage, er hätte nicht anders gekonnt, so bedeutet dies keine Einschränkung seiner Allmacht, sondern im Gegenteil die Anerkennung, daß alle Möglichkeiten in ihm beschlossen sind, und es daher gar keine anderen gibt als diejenigen, die ihn ausdrücken.

Alle Welt ist Gottes, und Gott ist in aller Welt von allem Anfang an. Wozu dann die große Veranstaltung der Inkarnation? fragt man sich erstaunt. Gott ist ja de facto in allem, und doch muß irgend etwas gefehlt haben, daß nunmehr ein sozusagen zweiter Eintritt in die Schöpfung mit soviel Umsicht und Sorgfalt inszeniert werden soll. Da die Schöpfung universal ist, die fernsten Sternnebel umfaßt und auch das organische Leben als unendlich variabel und differenzierungsfähig angelegt hat, so ist hierin ein Manko wohl kaum ersichtlich. Daß Satan überall seinen korrumpierenden Einfluß hineingemischt hat, ist zwar aus vielen Gründen bedauerlich, tut aber im wesentlichen nichts zur Sache. Eine Antwort auf diese Frage ist nicht leicht zu geben. Man wird natürlich behaupten wollen, daß Christus erscheinen muß, um die Menschheit vom Übel zu erlösen. Wenn man aber bedenkt, daß das Übel ursprünglich von Satan insinuiert wurde und noch beständig hineingezaubert wird, so erschiene es doch bedeutend einfacher, wenn Jahwe diesen »practical joker« einmal energisch zur Ordnung riefe und seinen schädlichen Einfluß und damit die Wurzel des Übels eliminierte. Es brauchte dann gar nicht die Veranstaltung einer besonderen Inkarnation mit all den unabsehbaren Folgen, die eine Menschwerdung Gottes mit sich bringt. Man vergegenwärtige sich, was das heißt: *Gott wird Mensch*. Das bedeutet nichts weniger als weltumstürzende Wandlung Gottes. Es bedeutet etwas wie seinerzeit die Schöpfung, nämlich eine Objektivation Gottes. Damals offenbarte er sich in der Natur schlechthin; jetzt aber will er, noch spezifischer, gar zum Menschen werden. Allerdings, müssen wir sagen, hat eine Tendenz in dieser Richtung schon immer bestanden. Als nämlich die offenbar vor Adam geschaffenen Menschen mit den höheren Säugetieren in Erscheinung traten, schuf Jahwe anderentags in einem besonderen Schöpfungsakt einen Menschen, der das Abbild Gottes war. Damit geschah die erste Präfiguration zur Menschwerdung. Jahwe nahm das Volk, die Nachkommen Adams, in seinen persönlichen Besitz und erfüllte von Zeit zu Zeit Propheten dieses Volkes mit seinem Geist. Das waren lauter vorbereitende Ereignisse und Anzeichen einer innergöttlichen Tendenz zur Menschwerdung. In der Allwissenheit aber bestand seit Ewigkeit das Wissen um die Menschennatur

Gottes oder die Gottesnatur des Menschen. Darum finden wir, schon längst vor der Abfassung der Genesis, entsprechende Zeugnisse in den altägyptischen Dokumenten. Diese Andeutungen und Präfigurationen der Menschwerdung wollen einem als gänzlich unverständlich oder überflüssig erscheinen, da ja alle Schöpfung, die ex nihilo erfolgte, Gottes ist, aus nichts anderem als aus Gott besteht, und daher auch der Mensch, wie die ganze Kreatur, sowieso konkret gewordener Gott ist. Präfigurationen sind aber an sich keine Schöpfungsereignisse, sondern bloß Stufen im Bewußtwerdungsprozeß. Man hat eben erst sehr spät realisiert (respektive ist immer noch damit beschäftigt), daß Gott das Wirkliche schlechthin ist, also nicht zum mindesten auch Mensch. Diese Realisierung ist ein säkularer Prozeß.

6.

In Ansehung des großen Problems, das wir zu erläutern uns nun anschicken, schien mir dieser Exkurs über pleromatische Ereignisse als Einleitung nicht überflüssig zu sein.

Was ist nun aber der wirkliche Grund zur Menschwerdung als historischem Ereignis?

Um diese Frage zu beantworten, müssen wir etwas weit ausholen. Wie wir sahen, hat Jahwe anscheinend eine Abneigung dagegen, das absolute Wissen gegenüber seiner Allmachtdynamik in Betracht zu ziehen. Der in dieser Beziehung wohl instruktivste Fall ist seine Beziehung zu Satan; immer liegen die Dinge so, daß es aussieht, als ob Jahwe über die Absichten seines Sohnes nicht unterrichtet wäre. Das rührt aber davon her, daß er seine Allwissenheit nicht in Betracht zieht. Man kann sich etwas derartiges dadurch erklären, daß Jahwe durch seine sukzessiven Schöpfungsakte dermaßen fasziniert und in Anspruch genommen war, daß er seine Allwissenheit darob vergaß. Es ist durchaus begreiflich, daß die zauberhafte Körperlichwerdung diversester Gegenstände, die zuvor nie und nirgends in solcher Anschaulichkeit existiert hatten, ein unendliches göttliches Entzücken verursachte. Sophia erinnert sich wohl ganz richtig, wenn sie sagt:

> ... als er die Grundfesten der Erde legte,
> da war ich als Liebling ihm zur Seite,
> war lauter Entzücken Tag für Tag...[54]

---

[54] Sprüche 8,29–30.

Noch im ›Buch Hiob‹ klingt die stolze Schöpferfreude nach, wenn
Jahwe auf seine großen Tiere, die ihm gelungen sind, hinweist:

> Siehe doch das Flußpferd, das ich schuf wie dich
> ...
> Das ist der Erstling von Gottes Schaffen,
> gemacht zum Beherrscher seiner Genossen.[55]

Noch in der Zeit Hiobs ist Jahwe berauscht von der ungeheuren
Macht und Größe seiner Schöpfung. Was bedeuten daneben schon
die Sticheleien Satans und die Lamentationen der wie Flußpferde
geschaffenen Menschen, auch wenn sie Gottes Abbild tragen? Jahwe scheint überhaupt vergessen zu haben, was letzteres bedeutet,
sonst hätte er wohl Hiobs menschliche Würde nicht so vollständig
ignoriert.

Es sind eigentlich erst die sorgfältigen und vorausschauenden
Vorbereitungen zur Geburt Christi, welche erkennen lassen, daß
die Allwissenheit anfängt, einen nennenswerten Einfluß auf Jahwes Handeln zu gewinnen. Ein gewisser philanthropischer und
universalistischer Zug macht sich bemerkbar. Die »Kinder Israel«
treten gegenüber den Menschenkindern etwas in den Hintergrund,
auch hören wir seit Hiob zunächst nichts mehr von neuen Bünden.
Weisheitssprüche scheinen an der Tagesordnung zu sein, und ein
eigentliches Novum, nämlich *apokalyptische Mitteilungen*, macht
sich bemerkbar. Das deutet auf metaphysische Erkenntnisakte, das
heißt auf »konstellierte« unbewußte Inhalte, die bereit sind, ins
Bewußtsein durchzubrechen. In allem ist, wie schon gesagt, Sophias hilfreiche Hand am Werke.

Wenn man Jahwes Verhalten bis zum Wiederauftreten der Sophia im ganzen betrachtet, so fällt die eine unzweifelhafte Tatsache
auf, daß sein Handeln von einer *inferioren Bewußtheit* begleitet
ist. Immer wieder vermißt man die Reflexion und die Bezugnahme
auf das absolute Wissen. Seine Bewußtheit scheint nicht viel mehr
als eine primitive »awareness« (wofür es leider kein deutsches
Wort gibt) zu sein. Man kann den Begriff mit »bloß wahrnehmendes Bewußtsein« umschreiben. Awareness kennt keine Reflexion
und keine Moralität. Man nimmt bloß wahr und handelt blind, das
heißt ohne bewußt-reflektierte Einbeziehung des Subjektes, dessen individuelle Existenz unproblematisch ist. Heutzutage würde
man einen solchen Zustand psychologisch als »unbewußt« und
juristisch als »unzurechnungsfähig« bezeichnen. Die Tatsache, daß
das Bewußtsein keine Denkakte vollzieht, beweist aber nicht, daß

---

[55] Hiob 40,10 und 14.

solche nicht vorhanden sind. Sie verlaufen bloß unbewußt und machen sich indirekt bemerkbar in Träumen, Visionen, Offenbarungen und »instinktiven« Bewußtseinsveränderungen, aus deren Natur man erkennen kann, daß sie von einem »unbewußten« Wissen herrühren und durch unbewußte Urteilsakte und Schlüsse zustande gekommen sind.

Etwas derartiges beobachten wir in der merkwürdigen Veränderung, die nach der Hiobepisode sich im Verhalten Jahwes eingestellt hat. Es ist wohl nicht daran zu zweifeln, daß ihm die moralische Niederlage, die er sich Hiob gegenüber zugezogen hat, zunächst nicht zum Bewußtsein gekommen war. In seiner Allwissenheit stand diese Tatsache allerdings schon seit jeher fest, und es ist nicht undenkbar, daß dieses Wissen ihn unbewußt allmählich in die Lage gebracht hat, so unbedenklich mit Hiob zu verfahren, um durch die Auseinandersetzung mit diesem sich etwas bewußtzumachen und eine Erkenntnis zu gewinnen. Satan, dem später nicht zu Unrecht der Name »Lucifer« zuerkannt wurde, verstand es, die Allwissenheit öfter und besser zu nützen als sein Vater.[56] Es scheint, daß er der einzige unter den Gottessöhnen war, der soviel Initiative entwickelte. Auf alle Fälle war er es, der Jahwe diejenigen unvorhergesehenen Zwischenfälle in den Weg legte, welche in der Allwissenheit als nötig, ja unerläßlich für die Entwicklung und Vollendung des göttlichen Dramas gewußt waren. Dazu gehörte der entscheidende Fall Hiob, der nur dank der Initiative Satans zustande kam.

Der Sieg des Unterlegenen und Vergewaltigten ist einleuchtend: Hiob stand moralisch höher als Jahwe. Das Geschöpf hatte in dieser Beziehung den Schöpfer überholt. Wie immer, wenn ein äußeres Ereignis an ein unbewußtes Wissen rührt, kann letzteres bewußt werden. Man erkennt das Ereignis als ein »déjà vu« und erinnert sich an ein präexistentes Wissen darum. Etwas derartiges muß mit Jahwe geschehen sein. Die Überlegenheit Hiobs kann nicht mehr aus der Welt geschafft werden. Damit ist eine Situation entstanden, die nun wirklich des Nachdenkens und der Reflexion bedarf. Aus diesem Grunde greift Sophia ein. Sie unterstützt die nötige Selbstbesinnung und ermöglicht dadurch den Entschluß Jahwes, nun selber Mensch zu werden. Damit fällt eine folgenschwere Entscheidung: Er erhebt sich über seinen früheren pri-

---

[56] Auch in der christlichen Tradition besteht die Auffassung, daß der Teufel um die Absicht Gottes, Mensch zu werden, schon viele Jahrhunderte zuvor wußte und darum den Griechen den Dionysosmythus einbließ, damit sie, wenn die frohe Botschaft sie in Wirklichkeit erreichte, sagen konnten: »Na ja, das wußten wir schon längst«. Als später die Konquistadoren in Yucatan die Mayakreuze entdeckten, haben die spanischen Bischöfe wieder dasselbe Argument gebraucht.

mitiven Bewußtseinszustand, indem er indirekt anerkennt, daß der Mensch Hiob ihm moralisch überlegen ist und daß er deshalb das Menschsein noch nachzuholen hat. Hätte er diesen Entschluß nicht gefaßt, so wäre er in flagranten Gegensatz zu seiner Allwissenheit geraten. Jahwe muß Mensch werden, denn diesem hat er Unrecht getan. Er, als der Hüter der Gerechtigkeit, weiß, daß jedes Unrecht gesühnt werden muß, und die Weisheit weiß, daß auch über ihm das moralische Gesetz waltet. *Weil sein Geschöpf ihn überholt hat, muß er sich erneuern.*

Da nun nichts geschehen kann ohne eine präexistente Vorlage, selbst nicht die »creatio ex nihilo«, die sich immerhin auf den ewigen Bilderschatz in der Phantasie der »Werkmeisterin« berufen muß, so kommt als unmittelbares Vorbild für den zu erzeugenden Sohn einesteils (aber nur in beschränktem Maße) Adam, anderenteils (dies in höherem Maße) Abel in Frage. Adams Beschränkung besteht darin, daß er zur Hauptsache Geschöpf und Vater, wenn schon Anthropos ist. Abels Vorteil aber besteht darin, daß er der Gott wohlgefällige Sohn, erzeugt und nicht direkt geschaffen ist. Dabei muß ein Nachteil in Kauf genommen werden: Er ist früh durch Gewalt ums Leben gekommen, zu früh, um eine Witwe mit Kindern zu hinterlassen, was zu einem vollen menschlichen Schicksal eigentlich gehört hätte. Abel ist nicht der eigentliche Archetypus des Gott wohlgefälligen Sohnes, sondern bereits ein Abbild, aber als solches das erste, das wir aus der Heiligen Schrift kennen. Der frühsterbende Gott ist auch in damaligen heidnischen Religionen beglaubigt, ebenso der Brudermord. Wir gehen daher wohl kaum fehl in der Annahme, daß Abels Schicksal auf ein metaphysisches Ereignis zurückweist, welches sich zwischen Satan und einem lichten, dem Vater mehr ergebenen Gottessohn abgespielt hat. Davon geben uns ägyptische Überlieferungen Kunde. Wie gesagt, kann der präfigurierende Nachteil des Abeltypus nicht wohl umgangen werden, denn er ist ein integrierender Bestandteil des mythischen Sohndramas, wie die verschiedenen heidnischen Varianten dieses Motivs zeigen. Der kurze, dramatische Verlauf des Abelschicksals kann wohl als Paradigma für das Leben und den Tod eines menschgewordenen Gottes dienen.

Wir erblicken also den unmittelbaren Grund für die Menschwerdung in der Erhöhung Hiobs und den Zweck derselben in der Bewußtseinsdifferenzierung Jahwes. Dazu hat es allerdings einer bis aufs Äußerste zugespitzten Situation bedurft, einer affektvollen Peripetie, ohne welche kein höheres Bewußtseinsniveau erreicht wird.

7.

Für die kommende Geburt des Gottessohnes kommt neben Abel die seit alters festliegende und durch Tradition übermittelte Disposition des Heldenlebens überhaupt als Vorbild in Frage. Er ist ja nicht bloß als nationaler Messias, sondern als universaler Menschenerretter gedacht, infolgedessen kommen auch die heidnischen Mythen beziehungsweise Offenbarungen in bezug auf das Leben eines von den Göttern ausgezeichneten Mannes in Betracht.

Die Geburt Christi ist daher gekennzeichnet durch die bei Heldengeburten üblichen Begleiterscheinungen, wie die Vorausverkündigung, die göttliche Erzeugung aus der Jungfrau, die Koinzidenz mit der dreimaligen coniunctio maxima ♃ ♂ ♄) im Zeichen der Fische, welches dazumal gerade den neuen Äon einleitet, verbunden mit der Erkenntnis einer Königsgeburt, die Verfolgung des Neugeborenen, dessen Flüchtung und Verbergung, mit der Unansehnlichkeit der Geburt usw. Das Motiv des Heldenwachstums ist noch erkennbar in der Weisheit des Zwölfjährigen im Tempel, und für die Losreißung von der Mutter liegen einige Beispiele vor.

Es ist ohne weiteres verständlich, daß dem Charakter und Schicksal des menschgewordenen Gottsohnes ein ganz besonderes Interesse eignet. Aus beinahe zweitausendjähriger Entfernung gesehen, bedeutet es allerdings eine ungemein schwierige Aufgabe, aus den erhaltenen Traditionen ein biographisches Bild Christi zu rekonstruieren; liegt uns doch nicht ein einziger Text vor, der auf die modernen Anforderungen an Geschichtsschreibung auch nur die geringste Rücksicht nähme. Die als historisch verifizierbaren Tatsachen sind äußerst spärlich, und was sonst als biographisch verwertbares Material vorliegt, ist nicht genügend, um daraus einen widerspruchslosen Lebenslauf oder einen irgendwie wahrscheinlichen Charakter herzustellen. Den Hauptgrund hiefür haben gewisse theologische Autoritäten darin entdeckt, daß sich von der Biographie und Psychologie Christi die Eschatologie nicht trennen läßt. Unter Eschatologie ist im wesentlichen die Aussage zu verstehen, daß Christus nicht bloß Mensch, sondern zugleich auch Gott ist und darum neben menschlichem Schicksal auch göttliches erleidet. Die beiden Naturen durchdringen sich derart, daß ein Trennungsversuch beide Naturen verstümmelt: Die Göttlichkeit überschattet den Menschen, und der Mensch ist als empirische Persönlichkeit kaum erfaßbar. Auch die Erkenntnismittel der modernen Psychologie genügen nicht, um alle Dunkelheiten aufzuhellen. Jeder Versuch, einen einzelnen Zug der Klarheit halber herauszuheben, vergewaltigt einen anderen, der entweder hinsichtlich der Göttlichkeit oder hinsichtlich der Menschlichkeit ebenso wesentlich ist. Das Alltägliche ist vom Wunderbaren und Mythischen dermaßen durchwoben, daß man seiner Tatsachen nie ganz sicher ist. Was wohl am meisten stört und verwirrt, ist der Umstand, daß gerade die ältesten Schriften, nämlich diejenigen des Paulus, für die konkrete menschliche Existenz Christi nicht das mindeste Interesse zu haben scheinen. Auch die synoptischen Evangelien sind unbefriedigend, da sie mehr den Charakter von Propagandaschriften als von Biographien haben.

Was die menschliche Seite Christi anbelangt, wenn man von einem *nur* menschlichen Aspekt überhaupt reden kann, so tritt die »Philanthropie« besonders deutlich hervor. Dieser Zug ist schon angedeutet in der Beziehung der Maria zu Sophia und sodann, in besonderem Maße, in der Zeugung durch den Heiligen Geist, dessen weibliche Natur Sophia personifiziert, denn sie ist die unmittelbare historische Vorform des hagion pneuma, welches durch die *Taube*, den Vogel der Liebesgöttin, symbolisiert wird. Auch ist meist die Liebesgöttin die Mutter des frühsterbenden Gottes. Die Philanthropie Christi wird aber nicht unwesentlich eingeschränkt durch eine gewisse prädestinatianische Neigung, welche ihn sogar gelegentlich veranlaßt, seine heilsame Offenbarung den Nichterwählten vorzuenthalten. Wenn man die Prädestinationslehre wörtlich nimmt, so kann man sie im Rahmen der christlichen Botschaft nur schwer verstehen. Faßt man sie dagegen psychologisch als ein Mittel zur Erreichung eines bestimmten Effektes auf, so ist leicht zu begreifen, daß die Anspielung auf Vorherbestimmung ein Gefühl der Ausgezeichnetheit bewirkt. Wenn einer weiß, daß er seit Anfang der Welt von göttlicher Wahl und Absicht ausersehen ist, so fühlt er sich herausgehoben aus der Hinfälligkeit und Belanglosigkeit der gewöhnlichen menschlichen Existenz und versetzt in einen neuen Stand der Würde und der Bedeutsamkeit eines, der am göttlichen Weltdrama teilhat. Damit wird der Mensch in die Gottesnähe entrückt, was dem Sinne der evangelischen Botschaft durchaus entspricht.

Neben der Menschenliebe macht sich im Charakter Christi eine gewisse Zornmütigkeit bemerkbar, und, wie es bei emotionalen Naturen häufig der Fall zu sein pflegt, ebenso ein Mangel an Selbstreflexion. Nirgends findet sich ein Anhaltspunkt dafür, daß Christus sich je über sich selber gewundert hätte. Er scheint nicht mit sich selber konfrontiert zu sein. Von dieser Regel gibt es nur *eine* bedeutende Ausnahme: der verzweiflungsvolle Aufschrei am Kreuz »Mein Gott, mein Gott, warum hast du mich verlassen?« Hier erreicht sein menschliches Wesen Göttlichkeit, nämlich in dem Augenblick, wo der Gott den sterblichen Menschen erlebt und das erfährt, was er seinen treuen Knecht Hiob hat erdulden lassen. Hier wird die Antwort auf Hiob gegeben, und, wie ersichtlich, ist auch dieser supreme Augenblick ebenso göttlich wie menschlich, ebenso »eschatologisch« wie »psychologisch«. Auch hier, wo man restlos den Menschen empfinden kann, ist der göttliche Mythus ebenso eindrucksvoll gegenwärtig. Und beides ist eines und dasselbe. Wie will man da die Gestalt Christi »entmythologisieren«? Ein solcher rationalistischer Versuch würde ja das ganze Geheimnis dieser Persönlichkeit herauslaugen, und was übrig bliebe, wäre nicht mehr die Geburt und das Schicksal eines Gottes in der Zeit, sondern ein historisch schlecht beglaubigter religiöser Lehrer, ein jüdischer Reformator, der hellenistisch gedeutet und mißverstanden wurde – etwa ein Pythagoras oder meinetwegen ein Buddha oder ein Mohammed, aber keinesfalls ein Sohn Gottes oder ein menschgewordener Gott. Überdies scheint man sich nicht genügend darüber Rechenschaft zu geben, zu welchen Überlegungen ein von aller Eschatologie desinfizierter Christus Anlaß geben müßte. Es gibt heutzutage eine empirische Psychologie, die trotzdem existiert, obschon die Theologie sie möglichst ignoriert, und von ihr könnten gewisse Aussagen Christi unter die Lupe genommen werden. Wenn diese Aussagen von der Verbindung mit dem Mythus gelöst werden, dann sind sie nämlich nur noch persönlich zu erklären. Zu welchem Schlusse aber muß man notwendigerweise gelangen, wenn man zum Beispiel die Aussage: »Ich bin der Weg und die Wahrheit und das Leben; niemand kommt zum Vater außer durch mich«,[57] auf eine persönliche Psychologie reduziert? Offenbar zu demselben, den auch die Verwandten Jesu in ihrer Unkenntnis der »Eschatologie« gezogen haben.[58] Was soll eine Religion ohne Mythus, wo sie doch, wenn überhaupt etwas, eben gerade die Funktion bedeutet, die uns mit dem ewigen Mythus verbindet?

Auf Grund dieser eindrucksvollen Unmöglichkeiten hat man, wie aus einer gewissen Ungeduld mit dem schwierigen Tatsachenmaterial heraus, angenommen, Christus sei überhaupt nur ein Mythus, das heißt in diesem Fall soviel als *Fiktion*. Der Mythus ist aber keine Fiktion, sondern besteht in beständig sich wiederholenden Tatsachen, die immer wieder beobachtet werden können. Er ereignet sich am Menschen, und Menschen haben mythische Schicksale so gut wie griechische Heroen. Daß das Christusleben in hohem Grade Mythus ist, beweist daher ganz und gar nichts gegen seine Tatsächlichkeit; ich möchte fast sagen, im Gegenteil,

---

[57] Johannes 14,6.
[58] Markus 3,21: »Er ist von Sinnen.«

denn der mythische Charakter eines Lebens drückt geradezu die menschliche Allgemeingültigkeit desselben aus. Es ist psychologisch durchaus möglich, daß das Unbewußte, beziehungsweise ein Archetypus, einen Menschen völlig in Besitz nimmt und sein Schicksal bis ins kleinste determiniert. Dabei können objektive, das heißt nichtpsychische, Parallelerscheinungen auftreten, welche ebenfalls den Archetypus darstellen. Es scheint dann nicht nur, sondern ist so, daß der Archetypus sich nicht nur psychisch im Individuum, sondern auch außerhalb desselben objektiv erfüllt. Ich vermute, daß Christus eine derartige Persönlichkeit war. Das Christusleben ist gerade so, wie es sein muß, wenn es das Leben eines Gottes und eines Menschen zugleich ist. Es ist ein *Symbolum,* eine Zusammensetzung heterogener Naturen, etwa so, wie wenn man Hiob und Jahwe in *einer* Persönlichkeit vereinigt hätte. Jahwes Absicht, Mensch zu werden, die sich aus dem Zusammenstoß mit Hiob ergeben hat, erfüllt sich im Leben und Leiden Christi.

8.

Man wundert sich, in Erinnerung an frühere Schöpfungsakte, wo Satan bei alledem mit seinen subversiven Einflüssen bleibt. Überall sät er ja sein Unkraut unter den Weizen. Man könnte seine Hand im Herodianischen Kindermord vermuten. Fest steht sein Versuch, Christus zur Rolle eines weltlichen Herrschers zu verlocken. Ebenso deutlich ist die Tatsache, daß er, wie aus den Aussagen des Besessenen hervorgeht, über Christi Natur sich als wohl informiert erweist; auch scheint er Judas inspiriert zu haben, ohne aber den wesentlichen Opfertod beeinflussen beziehungsweise verhindern zu können.

Seine relative Unwirksamkeit erklärt sich einesteils gewiß aus der sorgfältigen Vorbereitung der Gottesgeburt, andererseits aber auch aus einem merkwürdigen metaphysischen Ereignis, welches Christus wahrgenommen hat: *Er sah, wie Satan wie ein Blitz aus dem Himmel fiel.*[59] Dieses Gesicht betrifft das Zeitlichwerden einer metaphysischen Begebenheit, nämlich die historische (vorderhand) endgültige Trennung Jahwes von seinem dunkeln Sohn. Satan ist aus dem Himmel verbannt und hat keine Gelegenheit mehr, seinen Vater zu zweifelhaften Unternehmungen zu überreden. Dieses »Ereignis« dürfte erklären, warum Satan, wo immer er in der Menschwerdungsgeschichte auftaucht, eine so unterlegene Rolle spielt, die in nichts mehr an das frühere Vertrauensverhältnis

---

[59] Lukas 10,18.

zu Jahwe erinnert. Er hat die väterliche Geneigtheit offenbar verscherzt und ist ins Exil geschickt worden. Damit hat ihn die Strafe, die wir in der Hiobgeschichte vermißt haben, nun doch – allerdings in merkwürdig bedingter Form – erreicht. Obschon er vom himmlischen Hofe entfernt ist, so hat er doch die Herrschaft über die sublunare Welt behalten. Er wird nicht direkt in die Hölle, sondern auf die Erde geworfen und soll erst in der Endzeit eingeschlossen und dauernd unwirksam gemacht werden. Die Tötung Christi ist nicht auf seine Rechnung zu setzen, denn durch die Präfiguration in Abel und in den frühsterbenden Göttern bedeutet der Opfertod als ein von Jahwe gewähltes Schicksal die Wiedergutmachung für das Hiob geschehene Unrecht einerseits, und andererseits eine Leistung zugunsten der geistigen und moralischen Höherentwicklung des Menschen. Denn zweifellos wird der Mensch in seiner Bedeutung gemehrt, wenn sogar Gott selber Mensch wird.

Infolge der relativen Einschränkung des Satan ist Jahwe durch Identifikation mit seinem lichten Aspekt zu einem guten Gott und liebenden Vater geworden. Er hat zwar seinen Zorn nicht verloren und kann strafen, aber mit Gerechtigkeit. Fälle in der Art der Hiobstragödie sind anscheinend nicht mehr zu erwarten. Er erweist sich als gütig und gnädig; er hat Erbarmen mit den sündigen Menschenkindern und wird als die Liebe selber definiert. Obschon Christus ein vollkommenes Vertrauen in seinen Vater hat und sich sogar eins mit ihm weiß, kann er doch nicht umhin, im Vaterunser die vorsichtige Bitte (und Warnung) einzuflechten: »Führe uns nicht in Versuchung, sondern erlöse uns von dem Bösen.«[60] Das heißt, Gott möge uns nicht direkt durch Verlockung zum Bösen veranlassen, sondern uns lieber davon erlösen. Die Möglichkeit, daß Jahwe, trotz aller Vorsichtsmaßnahmen und trotz seiner ausgesprochenen Absicht, zum Summum Bonum zu werden, wieder auf frühere Wege zurückgeraten könnte, liegt also nicht so fern, als daß sie nicht im Auge behalten werden müßte. Jedenfalls erachtet es Christus als zweckmäßig, im Gebete den Vater an seine für den Menschen verderblichen Neigungen zu erinnern und ihn zu bitten, davon abzulassen. Es gilt ja nach menschlichem Dafürhalten für unfair, ja sogar äußerst unmoralisch, kleine Kinder zu Handlungen, die ihnen gefährlich werden könnten, zu verlocken, und zwar einfach nur darum, um ihre moralische Standfestigkeit zu erproben! Der Unterschied zwischen einem Kinde und einem Erwachsenen ist zudem unermeßlich viel geringer als zwischen Gott und seinen Geschöpfen, deren moralische Schwäche ihm am bekannte-

---

[60] Matthäus 6,13.

sten sein muß. Das Mißverhältnis ist sogar so groß, daß man, wenn diese Bitte nicht im Vaterunser stünde, sie als Blasphemie bezeichnen müßte, denn es geht doch wahrhaftig nicht an, daß man dem Gott der Liebe und dem Summum Bonum eine derartige Inkonsequenz zuschreibt.

Die sechste Bitte des Vaterunsers läßt in der Tat tief blicken, denn angesichts dieser Tatsache wird die immense Sicherheit Christi hinsichtlich des Charakters seines Vaters etwas fraglich. Es ist ja leider eine allgemeine Erfahrung, daß besonders positive und kategorische Behauptungen namentlich dort auftreten, wo ein leiser Zweifel, der sich im Hintergrund bemerkbar macht, aus der Welt geschafft werden soll. Man muß ja zugeben, daß es schließlich gegen alle vernünftige Erwartung wäre, wenn ein Gott, der seit Urzeiten neben aller Generosität zeitweise verheerenden Wutanfällen ausgeliefert war, nun plötzlich zum Inbegriff alles Guten hätte werden können. Der uneingestandene, aber nichtsdestoweniger deutliche Zweifel Christi in dieser Hinsicht wird noch im Neuen Testament, und zwar in der Apokalypse des Johannes bestätigt. Dort liefert sich nämlich Jahwe wiederum einer unerhörten Zerstörungswut gegenüber der Menschheit aus, von welcher bloß 144000 Exemplare übrigzubleiben scheinen.[61]

Man ist in der Tat in Verlegenheit, wie man eine derartige Reaktion mit dem Verhalten eines liebenden Vaters, von dem man erwarten müßte, er werde seine Schöpfung mit Geduld und Liebe schließlich verklären, in Einklang bringen könnte. Es hat sogar allen Anschein, als ob gerade der Versuch, dem Guten endgültig und absolut zum Siege zu verhelfen, zu einer gefährlichen Aufstauung des Bösen und damit zu einer Katastrophe führen müßte. Neben dem Weltende ist die Zerstörung von Sodom und Gomorrha, ja sogar die Sintflut, reines Kinderspiel; denn dieses Mal geht die Schöpfung überhaupt aus den Fugen. Da Satan zeitweise eingeschlossen, dann überwunden und in den Feuersee geworfen wird,[62] so kann die Weltzerstörung kein Teufelswerk sein, sondern stellt einen von Satan nicht beeinflußten »act of God« dar.

Dem Weltende geht die Tatsache voraus, daß selbst der Sieg des Gottessohnes Christus gegen seinen Bruder, den Satan (der Gegenschlag Abels gegen Kain), nicht wirklich und endgültig erfochten ist, denn es ist vorher noch eine letzte machtvolle Manifestation Satans zu erwarten. Man kann kaum annehmen, daß die Inkarnation Gottes in seinem einen Sohne Christus vom Satan ruhig hingenommen würde. Sie muß gewiß seine Eifersucht aufs höchste

---

[61] Offenbarung 7,4.
[62] Offenbarung 19,20.

erregt und in ihm den Wunsch wachgerufen haben, Christus nachzuahmen (welche Rolle ihm als pneuma antimimon besonders liegt) und nun seinerseits den *dunkeln* Gott zu inkarnieren. (Hierüber hat sich die spätere Legendenbildung, wie bekannt, ausführlich verbreitet.) Dieser Plan wird durch die Gestalt des *Antichristus* zur Ausführung gebracht werden, und zwar nach Ablauf des astrologisch vorausbestimmten Jahrtausends, das der Dauer der Herrschaft Christi zugeschrieben wird. In dieser schon neutestamentlichen Erwartung wird ein Zweifel an der unmittelbaren Endgültigkeit oder der universalen Wirksamkeit des Erlösungswerkes laut. Leider – muß man sagen – bilden diese Erwartungen unreflektierte Offenbarungen, die mit der sonstigen Heilslehre nirgends auseinandergesetzt oder gar in Einklang gebracht werden.

9.

Ich erwähne die zukünftigen apokalyptischen Geschehnisse zunächst nur darum, um den Zweifel, der sich in der sechsten Bitte des Vaterunsers indirekt ausdrückt, zu illustrieren, nicht aber um eine Auffassung der Apokalypse überhaupt zu geben. Darauf werde ich unten zurückkommen. Zuvor aber müssen wir uns der Frage zuwenden, wie es sich mit der Menschwerdung Gottes über Christi Tod hinaus verhält. Man hat uns seit alters gelehrt, daß die Menschwerdung ein einmaliges historisches Ereignis sei. Man könne keine Wiederholung desselben und ebensowenig eine weitere Offenbarung des Logos erwarten, denn auch diese sei in der Einmaligkeit der vor bald zweitausend Jahren erfolgten Erscheinung des menschgewordenen Gottes auf Erden beschlossen. Die einzige Quelle der Offenbarung und die endgültige Autorität ist also die Bibel, und Gott nur insofern, als er die Schriften des Neuen Testamentes autorisiert hat. Mit dem Schluß des Neuen Testamentes hören die authentischen Mitteilungen Gottes auf. Soweit der protestantische Standpunkt! Die katholische Kirche, die direkte Erbin und Fortbildnerin des historischen Christentums, erweist sich hinsichtlich dieser Frage etwas vorsichtiger, denn sie nimmt an, daß das Dogma mit Beihilfe des Heiligen Geistes sich weiterentwickeln und entfalten könne. Diese Auffassung steht in bester Übereinstimmung mit Christi Lehre vom Heiligen Geiste und damit der weiteren Fortsetzung der Inkarnation. Christus ist der Ansicht, wer an ihn glaube, beziehungsweise glaube, daß er Sohn Gottes sei, der könne die Werke, die er tue, auch tun und noch größere als diese.⁶³ Er erinnert seine Jünger daran, daß ihnen gesagt sei, sie seien Götter.⁶⁴ Die Gläubigen oder Auserwählten sind Kinder Gottes und »Miterben Christi«.⁶⁵ Wenn Christus den irdischen Schauplatz verläßt, so wird er den Vater bitten, den Seinen einen »Beistand« (den »Parakleten«) zu senden, der in Ewigkeit bei und in ihnen bleibt.⁶⁶ Der Beistand aber ist der Heilige Geist, der vom Vater her gesendet wird. Dieser »Geist der Wahrheit« wird die Gläubigen lehren und »in die ganze Wahrheit leiten«.⁶⁷ Christus hat sich demnach eine beständige Verwirklichung Gottes in dessen Kindern und daher in seinen Geschwistern im Geiste gedacht, wobei seine Werke nicht einmal notwendigerweise als die größten gelten müßten.

Da der Heilige Geist die dritte Person der Trinität darstellt, und in jeder der drei Personen jeweils der ganze Gott gegenwärtig ist, so bedeutet die Einwohnung des Heiligen Geistes nichts weniger als eine Annäherung des Gläubigen an den Status des Gottessohnes. Man begreift daher unschwer den Hinweis: »Ihr seid Götter.« Dieser deifizierenden Wirkung des Heiligen Geistes kommt natürlich die dem Erwählten eigentümliche Imago Dei entgegen. Gott in der Gestalt des Heiligen Geistes schlägt sein Zelt bei und in den Menschen auf, denn er ist offenbar gesonnen, nicht nur in den Nachkommen Adams, sondern auch in einer unbestimmt großen Anzahl von Gläubigen, oder vielleicht in der Menschheit überhaupt, sich fortschreitend zu verwirklichen. Es ist daher symptomatisch bezeichnend, daß Barnabas und Paulus in Lystra mit Zeus und Hermes identifiziert wurden: »Die Götter sind den Menschen ähnlich geworden und zu uns herabgestiegen.«⁶⁸ Das war allerdings die naive, heidnische Auffassung der christlichen Transmutation, aber eben gerade deshalb überzeugt sie. Ein solcher Fall schwebte wohl Tertullian vor, als er den »sublimiorem Deum« als eine Art von »Ausleiher von Göttlichkeit« bezeichnete.⁶⁹

Die Inkarnation Gottes in Christus bedarf insofern einer Fortsetzung und Ergänzung, als Christus infolge der Parthenogenesis und der Sündlosigkeit kein empirischer Mensch war und daher, wie es bei Johannes 1,5 heißt, ein Licht darstellte, das zwar in die Finsternis leuchtete, aber von dieser nicht begriffen wurde. Er

---

⁶³ Johannes 14,12.
⁶⁴ Johannes 10,34.
⁶⁵ Römer 8,17.
⁶⁶ Johannes 14,16f.
⁶⁷ Johannes 14,26 und 16,13.
⁶⁸ Apostelgeschichte 14,11.
⁶⁹ »... mancipem quemdam divinitatis, qui ex hominibus deos fecerit« (der aus Menschen Götter machte). (Tertullian: Apologeticus adversus gentes, in: Migne; Patr. lat. I, col. 332f.)

blieb außerhalb und oberhalb der wirklichen Menschheit. Hiob aber war ein gewöhnlicher Mensch, und deshalb kann nach göttlicher Gerechtigkeit das ihm und, mit ihm, der Menschheit geschehene Unrecht nur durch eine Inkarnation Gottes im empirischen Menschen wieder gutgemacht werden. Dieser Sühneakt wird durch den Parakleten vollzogen, denn wie der Mensch an Gott, so muß Gott am Menschen leiden. Anders kann es keine »Versöhnung« zwischen den beiden geben.

Die fortlaufende, unmittelbare Einwirkung des Heiligen Geistes auf die zur Kindschaft berufenen Menschen bedeutet de facto eine in die Breite sich vollziehende Menschwerdung. Christus, als der von Gott gezeugte Sohn, ist ein Erstling, der von einer großen Anzahl nachgeborener Geschwister gefolgt wird. Diese sind allerdings weder vom Heiligen Geist gezeugt, noch aus einer Jungfrau geboren. Das mag ihren metaphysischen Status beeinträchtigen, keinesfalls aber wird ihre bloß menschliche Geburt die Anwartschaft auf eine zukünftige Ehrenstellung am himmlischen Hofe gefährden und ebensowenig ihre Leistungsfähigkeit in bezug auf Wunderwerke vermindern. Ihre eventuell niedere Herkunft (aus der Klasse der Säugetiere) hindert sie nicht, in ein nahes Verwandtschaftsverhältnis zu Gott als Vater und zu Christus als »Bruder« zu treten. In übertragenem Sinne ist es sogar eine »Blutsverwandtschaft«, denn sie haben Anteil am Blute und Fleische Christi empfangen, was mehr als bloße Adoption bedeutet. Diese tiefgreifenden Änderungen im menschlichen Status sind direkt durch das *Erlösungswerk* Christi bewirkt. Die Erlösung oder Errettung hat verschiedene Aspekte, so vor allem den einer durch Christi Opfertod geleisteten *Sühne* für die Verfehlungen der Menschheit. Sein Blut reinigt uns von den bösen Folgen der Sünde. Er versöhnt Gott mit dem Menschen und befreit diesen von dem ihm drohenden Verhängnis des Gotteszornes und der ewigen Verdammnis. Es leuchtet unmittelbar ein, daß derartige Vorstellungen Gottvater immer noch als den gefährlichen und deshalb zu propitiierenden Jahwe voraussetzen: der qualvolle Tod seines Sohnes muß ihm Genugtuung für eine Beleidigung leisten; er hat einen »tort moral« erlitten und wäre eigentlich geneigt, sich dafür furchtbar zu rächen. Wir stolpern hier wiederum über das Mißverhältnis zwischen einem Weltschöpfer und seinen Geschöpfen, die sich zu seinem Ärger nie so benehmen, wie es seiner Erwartung entspräche. Es ist, wie wenn jemand eine Bakterienkultur anlegte, welche ihm mißrät. Er kann dann zwar deshalb fluchen, aber er wird doch nicht den Grund für das Fehlresultat bei den Bakterien suchen und diese dafür moralisch bestrafen wollen. Er wird vielmehr einen passenderen Nährboden auswählen. Das Verhalten Jahwes gegenüber seinen Geschöpfen widerspricht allen Anforderungen der sogenannten »göttlichen« *Vernunft*, deren Besitz den Menschen vor dem Tier auszeichnen soll. Dazu kommt, daß ein Bakteriologe in der Wahl seines Nährbodens sich irren kann, denn er ist ein Mensch. Gott aber, vermöge seiner Allwissenheit, könnte sich nie irren, wenn er diese befragte. Er hat allerdings seine menschlichen Geschöpfe mit einem gewissen Bewußtsein und daher mit einem entsprechenden Grade von Willensfreiheit ausgestattet. Aber er kann auch wissen, daß er dadurch den Menschen in Versuchung führt, einer gefährlichen Selbständigkeit zu verfallen. Das wäre insoweit kein zu großes Risiko, wenn der Mensch es mit einem nur gütigen Schöpfer zu tun hätte. Aber Jahwe übersieht seinen Sohn Satan, dessen List sogar er selber gelegentlich erliegt. Wie sollte er da erwarten können, daß der Mensch mit seinem beschränkten Bewußtsein und seinem so unvollkommenen Wissen es besser mache? Zudem übersieht er, daß, je mehr Bewußtsein ein Mensch besitzt, er desto mehr von seinen Instinkten, die ihm wenigstens noch eine gewisse Witterung von der verborgenen Weisheit Gottes geben, abgetrennt und jeder Irrtumsmöglichkeit preisgegeben ist. Satans List ist er schon gar nicht gewachsen, wenn nicht einmal sein Schöpfer diesem mächtigen Geiste Einhalt gebieten kann oder will.

10.

Die Tatsache der göttlichen »Unbewußtheit« wirft ein eigenartiges Licht auf die Erlösungslehre: Die Menschheit wird keineswegs von ihren Sünden befreit, auch wenn man noch so regelrecht getauft und somit abgewaschen ist, sondern von der *Furcht vor den Folgen der Sünde, nämlich dem Gotteszorn*. Das Erlösungswerk will also den Menschen von der Gottesfurcht erlösen, was dort gewiß möglich ist, wo der Glaube an den liebenden Vater, der seinen eingeborenen Sohn zur Rettung des Menschengeschlechtes gesandt hat, den deutlich persistierenden Jahwe mit seinen gefährlichen Affekten verdrängt. Ein derartiger Glaube setzt aber einen Mangel an Reflexion oder ein sacrificium intellectus voraus, von denen es zweifelhaft ist, ob sie noch moralisch verantwortet werden können. Man darf ja nicht vergessen, daß Christus selber es war, der uns gelehrt hat, mit den anvertrauten Pfunden zu wuchern und sie nicht zu vergraben. Man darf sich nicht dümmer und unbewußter stellen als man ist, denn in allen anderen Belangen sollen wir wach, kritisch und unserer selbst bewußt sein, damit wir »nicht in Anfechtung fallen«, und die »Geister«, die Einfluß auf uns gewinnen wollen, »prüfen, ob sie von Gott seien«,[70] um die Fehler, die wir begehen, erkennen zu können. Es bedürfte sogar übermenschlicher Intelligenz, um den listigen Fallstricken Satans zu entgehen. Diese Obliegenheiten schärfen unvermeidlicherweise den Verstand, die Wahrheitsliebe und den Erkenntnisdrang, die ebensowohl genuine menschliche Tugenden, wie Wirkungen jenes Geistes, der »selbst die Tiefen der Gottheit erforscht«,[71] sein können. Diese intellektuellen und moralischen Kräfte sind selber göttlicher Natur und können und dürfen deshalb nicht abgeschnitten werden. Man gerät daher eben gerade durch die Befolgung der christlichen Moral in die ärgsten Pflichtenkollisionen. Nur wer es sich zur Gewohnheit macht, fünf gerade sein zu lassen, kann diesen entgehen. Die Tatsache, daß christliche Ethik in Pflichtenkollisionen hineinführt, spricht zu ihren Gunsten. Indem sie unlösbare Konflikte und damit eine »afflictio animae« erzeugt, bringt sie den Menschen der Gotteserkenntnis näher: Aller Gegensatz ist Gottes, darum muß sich der Mensch damit belasten, und indem er es tut, hat Gott mit seiner Gegensätzlichkeit von ihm Besitz ergriffen, das heißt sich inkarniert. Der Mensch wird erfüllt vom göttlichen Konflikt. Wir verbinden mit Recht die Idee des Leidens mit einem Zustand, in welchem Gegensätze schmerzlich aufeinanderprallen, und wir scheuen uns, eine solche Erfahrung als Erlöstheit zu bezeichnen. Jedoch ist nicht zu leugnen, daß das große Symbol des christlichen Glaubens, das Kreuz, an dem die Leidensgestalt des Erlösers hängt, seit beinahe zweitausend Jahren dem Christen eindrücklich vor Augen geführt wird. Ergänzt wird dieses Bild durch die beiden Schächer, von denen der eine in die Hölle fährt, der andere ins Paradies eingeht. Man könnte die Gegensätzlichkeit des christlichen Zentralsymbols wohl nicht besser darstellen. Wieso dieses unvermeidliche Ergebnis der christlichen Psychologie Erlösung bedeuten soll, ist schwierig einzusehen, wenn nicht gerade das Bewußtwerden des Gegensatzes, so schmerzhaft diese Erkenntnis im Moment auch sein mag, die unmittelbare Empfindung der Erlöstheit mit sich führte. Es ist einerseits die Erlösung aus dem qualvollen Zustand dumpfer und hilfloser Unbewußtheit, andererseits das Innewerden der göttlichen Gegensätzlichkeit, deren der Mensch teilhaft werden kann, sofern er sich der Verwundung durch das trennende Schwert, welches Christus ist, nicht entzieht. Eben gerade im äußersten und bedrohlichsten Konflikt erfährt der Christ die Erlösung zur Göttlichkeit, sofern er daran nicht zerbricht, sondern die Last, ein Gezeichneter zu sein, auf sich nimmt.

---

[70] 1. Johannes 4,1.
[71] 1. Korinther 2,10.

So und einzig auf diese Weise verwirklicht sich in ihm die Imago Dei, die Menschwerdung Gottes. Die siebente Bitte des Vaterunsers: »Und erlöse uns von dem Bösen« ist dabei in dem Sinne zu verstehen, welcher der Bitte Christi in Gethsemane: »Wenn es möglich ist, so laß diesen Kelch an mir vorübergehen«,[72] zugrunde liegt. Im Prinzip scheint es nämlich nicht der Absicht Gottes zu entsprechen, den Menschen mit dem Konflikt und so mit dem Bösen zu verschonen. Es ist daher zwar menschlich, einen derartigen Wunsch auszusprechen, aber er darf nicht zum Prinzip erhoben werden, weil er sich gegen den göttlichen Willen richtet und nur auf menschlicher Schwäche und Furcht beruht. Letztere ist allerdings in gewissem Sinne berechtigt, denn, um den Konflikt zu vervollständigen, muß der Zweifel und die Unsicherheit bestehen, ob nicht der Mensch am Ende überfordert werde.

Weil das Gottesbild die ganze menschliche Sphäre durchdringt und von der Menschheit unwillkürlich dargestellt wird, so wäre es nicht undenkbar, daß das seit vierhundert Jahren bestehende Schisma in der Kirche sowohl wie die heutige Zweigeteiltheit der politischen Welt die nicht anerkannte Gegensätzlichkeit des beherrschenden Archetypus ausdrückt.

Die traditionelle Auffassung des Erlösungswerkes entspricht einer einseitigen Betrachtungsweise, ob wir diese nun als rein menschlich oder als von Gott gewollt bezeichnen. Die andere Ansicht, welche das Versöhnungswerk nicht als das Abtragen einer menschlichen Schuld an Gott, sondern vielmehr als die Wiedergutmachung eines göttlichen Unrechtes am Menschen betrachtet, haben wir oben skizziert. Diese Auffassung scheint mir den tatsächlichen Machtverhältnissen besser angepaßt zu sein. Das Schaf kann zwar das Wässerlein für den Wolf trüben, aber diesem keinen anderen Schaden antun. So kann das Geschöpf zwar den Schöpfer enttäuschen, aber es ist kaum glaublich, daß es ihm qualvolles Unrecht anzutun vermöchte. Letzteres liegt nur in der Macht des Schöpfers dem machtlosen Geschöpf gegenüber. Damit wird allerdings der Gottheit ein Unrecht imputiert, was aber kaum schlimmer aussieht, als das, was man ihr zumutet, wenn man annimmt, daß es, nur um den Zorn des Vaters zu beschwichtigen, nötig sei, den Sohn am Kreuz zu Tode zu martern. Was ist das für ein Vater, der lieber den Sohn abschlachtet, als daß er seinen übelberatenen und von seinem Satan verführten Geschöpfen großmütig verzeiht? Was soll mit diesem grausamen und archaischen Sohnesopfer demonstriert werden? Etwa die Liebe Gottes? Oder seine Unver-

---

[72] Matthäus 26,39.

söhnlichkeit? Wir wissen aus Genesis 22[73] und Exodus 22,29, daß Jahwe eine Tendenz hat, solche Mittel, wie Tötung des Sohnes und der Erstgeburt, entweder als Test oder zur Geltendmachung seines Willens anzuwenden, obschon seine Allwissenheit und seine Allmacht derart grausame Prozeduren gar nicht nötig haben, und überdies den Mächtigen auf der Erde damit ein schlechtes Beispiel gegeben wird. Es ist begreiflich, daß ein naiver Verstand Neigung bekundet, vor solchen Fragen Reißaus zu nehmen und diese Notmaßnahme als sacrificium intellectus zu beschönigen. Zieht er es also vor, den 89. Psalm nicht zu lesen, das heißt mit anderen Worten, sich zu drücken, so wird es damit nicht sein Bewenden haben. Wer einmal unterschlägt, wird es wieder tun, und zwar bei der Selbsterkenntnis. Letztere aber wird in der Gestalt der Gewissenserforschung von der christlichen Ethik gefordert. Es waren sehr fromme Leute, welche behaupteten, daß Selbsterkenntnis den Weg zur Gotteserkenntnis bereite.

11.

Der Glaube an Gott als das Summum Bonum ist einem reflektierenden Bewußtsein unmöglich. Es fühlt sich keineswegs von der Gottesfurcht erlöst und fragt sich daher mit Recht, was ihm Christus eigentlich bedeutet. Das ist in der Tat die große Frage: Kann Christus heute überhaupt noch interpretiert werden? Oder muß man sich mit der historischen Deutung begnügen?

Eines läßt sich wohl nicht bezweifeln: Christus ist eine höchst numinose Figur. Damit steht die Deutung als Gott und Gottessohn im Einklang. Die alte Anschauung, die auf seine eigene Auffassung zurückgeht, behauptet, daß er zur Errettung des von Gott bedrohten Menschen in die Welt gekommen sei, gelitten habe und gestorben sei. Außerdem bedeute seine leibliche Auferstehung, daß alle Gotteskinder dieser Zukunft gewiß seien.

Wir haben bereits zur Genüge darauf hingewiesen, wie seltsam sich die Rettungsaktion Gottes ausnimmt. Er tut ja in der Tat nichts anderes, als daß er selber in der Gestalt seines Sohnes die Menschheit vor sich selber errettet. Dieser Gedanke ist so skurril wie die alte rabbinische Anschauung von Jahwe, der die Gerechten vor seinem Zorn unter seinem Thron verbirgt, wo er sie nämlich nicht sieht. Es ist geradezu so, als ob Gottvater ein anderer Gott wäre als der Sohn, was aber keineswegs die Meinung ist. Es besteht auch keine psychologische Notwendigkeit zu einer derartigen An-

---

[73] Abraham und Isaak.

nahme, denn die unzweifelhafte Unreflektiertheit des göttlichen Bewußtseins genügt zur Erklärung seines merkwürdigen Verhaltens. Mit Recht gilt darum die Gottesfurcht als der Anfang aller Weisheit. Auf der anderen Seite darf man die hochgepriesene Güte, Liebe und Gerechtigkeit Gottes nicht als bloße Propitiierung auffassen, sondern man muß sie als genuine Erfahrung anerkennen, denn Gott ist eine coincidentia oppositorum. Beides ist berechtigt: *die Furcht vor und die Liebe zu Gott.*

Einem differenzierteren Bewußtsein muß es auf die Dauer schwer ankommen, einen Gott als gütigen Vater zu lieben, den man wegen seines unberechenbaren Jähzorns, seiner Unzuverlässigkeit, Ungerechtigkeit und Grausamkeit fürchten muß. Daß der Mensch allzumenschliche Inkonsequenzen und Schwächen an seinen Göttern nicht schätzt, hat der Verfall der antiken Götter zur Genüge bewiesen. So hat wohl auch die moralische Niederlage Jahwes Hiob gegenüber ihre geheimen Folgen gehabt: einerseits die unbeabsichtigte Erhöhung des Menschen, andererseits eine Beunruhigung des Unbewußten. Erstere Wirkung bleibt zunächst eine bewußt nicht realisierte, bloße Tatsache, welche aber vom Unbewußten registriert wurde. Das ist mit ein Grund für die Beunruhigung des Unbewußten, denn es erhält dadurch eine gegenüber dem Bewußtsein erhöhte Potentialität: *Im Unbewußten ist der Mensch dann mehr als im Bewußtsein.* Unter diesen Umständen entwickelt sich ein Gefälle vom Unbewußten zum Bewußtsein hin, und das Unbewußte bricht in Gestalt von Träumen, Visionen und Offenbarungen in das Bewußtsein ein. Leider ist eine Datierung von Hiob unsicher. Er fällt, wie erwähnt, in die Zeitspanne von 600–300 vor Christus. In der ersten Hälfte des 6. Jahrhunderts tritt Ezechiel auf,[74] der Prophet mit den sogenannten »pathologischen« Zügen, womit in laienhafter Weise seine Visionen gekennzeichnet werden. Als Psychiater muß ich ausdrücklich hervorheben, daß die Vision und ihre Begleiterscheinungen nicht unkritisch als krankhaft bewertet werden dürfen. Sie ist, wie der Traum, ein zwar seltenes aber natürliches Vorkommnis und darf nur dann als »pathologisch« bezeichnet werden, wenn ihre krankhafte Natur erwiesen ist. Rein klinisch betrachtet sind die Visionen Ezechiels von archetypischer Natur und in keinerlei Weise krankhaft verzerrt. Es besteht kein Anlaß, sie für pathologisch anzusehen.[75] Sie bilden ein Symptom dafür, daß damals ein vom Bewußtsein einigermaßen getrenntes Unbewußtes bereits

---

[74] Seine Berufungsvision fällt auf das Jahr 592 v. Chr.
[75] Es ist überhaupt ein Irrtum, anzunehmen, eine Vision sei eo ipso krankhaft. Sie kommt als Phänomen bei Normalen zwar nicht häufig, aber auch nicht zu selten vor.

vorhanden war. Das erste große Gesicht besteht in zwei wohlgeordneten und zusammengefaßten Quaternitäten, das heißt Ganzheitsvorstellungen, wie wir sie auch heute noch vielfach als spontane Phänomene beobachten. Ihre quinta essentia ist dargestellt durch eine »Gestalt wie ein Mensch anzusehen«.[76] Ezechiel hat hier den wesentlichen Inhalt des Unbewußten geschaut, nämlich die *Idee des höheren Menschen,* vor dem Jahwe moralisch unterlag und zu dem er später werden wollte.

Ein sozusagen gleichzeitig in Indien auftretendes Symptom derselben Tendenz ist Gotamo Buddha (geboren 562 vor Christus), welcher der maximalen Differenzierung des Bewußtseins die Suprematie auch über die höchsten Brahmagötter zusprach. Diese Entwicklung stellt eine logische Konsequenz aus der Purusha-Atmanlehre dar und stammt aus der inneren Erfahrung der Yogapraxis.

Ezechiel hat die Annäherung Jahwes an den Menschen im Symbol erfaßt, was Hiob zwar erlebt, aber wahrscheinlich nicht gewußt hat: nämlich, daß sein Bewußtsein höher steht als dasjenige Jahwes, und daß infolgedessen Gott Mensch werden will. Zudem tritt bei Ezechiel zum erstenmal der Titel »Menschensohn« auf, mit dem Jahwe bezeichnenderweise den Propheten anredet und damit vermutlich andeutet, daß er ein Sohn des »Menschen« auf dem Throne ist; eine Präfiguration der viel späteren Christusoffenbarung! Mit größtem Recht sind daher die vier Seraphim des Gottesthrones zu den Evangelistenemblemen geworden, denn sie bilden die Quaternität, welche die Ganzheit Christi ausdrückt, wie die Evangelien die vier Säulen seines Thrones darstellen.

Die Beunruhigung des Unbewußten dauert mehrere Jahrhunderte lang an. Daniel (um 165 vor Christus) hat ein Gesicht mit vier Tieren und dem »Hochbetagten« (dem »Alten der Tage«), »zu dem mit den Wolken des Himmels einer kam, der einem Menschensohn glich«.[77] Hier ist der »Menschensohn« nicht mehr der Prophet, sondern, unabhängig von diesem, ein Sohn des »Hochbetagten«, dem die Aufgabe zukommt, den Vater zu verjüngen.

Ausführlicher ist das um 100 vor Christus zu datierende Buch Henoch. Es gibt uns einen aufschlußreichen Bericht über jenen präfigurierenden Vorstoß der Gottessöhne in die Menschenwelt, welchen man als »Engelsturz« bezeichnet hat. Während nach der Genesis[78] Jahwe damals beschloß, daß sein Geist nicht mehr, wie bisher, viele hundert Jahre im Menschen auf Erden leben sollte,

---

[76] Ezechiel 1,26.
[77] Daniel 7,13.
[78] Genesis 6,3 f.

verliebten sich die Gottessöhne (kompensatorisch!) in die schönen Menschentöchter. Das geschah zu der Zeit der Riesen. Henoch weiß, daß zweihundert Engel unter Anführung des Semjasa auf die Erde heruntergestiegen, nachdem sie sich untereinander verschworen hatten, Menschentöchter zu Weibern nahmen und mit diesen dreitausend Ellen lange Riesen zeugten.[79] Die Engel, unter denen sich Asasel besonders auszeichnete, lehrten den Menschen Wissenschaften und Künste. Sie erwiesen sich als besonders fortschrittliche Elemente, welche das menschliche Bewußtsein erweiterten und entwickelten, wie schon der böse Kain gegenüber Abel den Fortschritt repräsentiert hatte. Sie vergrößerten dadurch die Bedeutung des Menschen ins »Riesenhafte«, was auf eine Inflation des damaligen Kulturbewußtseins hindeutet. Eine Inflation ist aber immer von einem Gegenschlag des Unbewußten bedroht, der dann auch in der Gestalt der Sintflut eintrat. Zuvor aber »zehrten« die Riesen »den Erwerb der Menschen« auf und begannen sodann diese selber aufzufressen, während die Menschen ihrerseits die Tiere auffraßen, so daß »die Erde über die Ungerechten klagte«.[80]

Die Invasion der Menschenwelt durch die Gottessöhne hatte also bedenkliche Folgen, welche die von Jahwe ergriffenen Vorsichtsmaßnahmen vor seinem eigenen Erscheinen in der Menschenwelt um so begreiflicher machen. Der Mensch war eben der göttlichen Übermacht nicht von ferne gewachsen. Es ist nun von höchstem Interesse, zu verfolgen, wie sich Jahwe in dieser Angelegenheit verhielt. Es handelte sich, wie das spätere drakonische Urteil beweist, um eine nicht unwesentliche Affäre in der himmlischen Ökonomie, als nicht weniger als zweihundert Gottessöhne den väterlichen Hofstaat verließen, um auf eigene Faust in der Menschenwelt zu experimentieren. Man sollte annehmen, daß diese »sortie en masse« sofort ruchbar geworden wäre (ganz abgesehen von der göttlichen Allwissenheit). Aber nichts dergleichen geschah. Erst nachdem die Riesen schon längst gezeugt und bereits daran waren, die Menschen totzuschlagen und aufzufressen, hörten, wie zufällig, vier Erzengel das Klagegeschrei der Menschen und entdeckten nun, was auf Erden geschah. Man weiß wirklich nicht, worüber man sich mehr wundern soll, über die lose Organisation der Engelchöre oder über die mangelhafte Information im Himmel. Sei dem, wie ihm wolle, diesmal fühlten sich die Erzengel doch veranlaßt, mit folgender Rede vor Gott zu treten:

---

[79] Henoch 7,2. Zitiert nach: Die Apokryphen..., hrsg. von Kautzsch, S. 239.
[80] Henoch 7,3–6. Zitiert nach: Die Apokryphen..., hrsg. von Kautzsch, S. 239f.

»Alles ist vor dir aufgedeckt und offenbar; du siehst alles, und nichts kann sich vor dir verbergen. Du hast gesehen, was Asael gethan hat, wie er allerlei Ungerechtigkeit auf Erden gelehrt und die himmlischen Geheimnisse der Urzeit geoffenbart hat... Die Beschwörungen hat Semjasa gelehrt, dem du die Vollmacht gegeben hast, die Herrschaft über seine Genossen zu üben... Du aber weißt alles, bevor es geschieht. *Du siehst dies und lässest sie gewähren und sagst uns nicht, was wir deswegen mit ihnen thun sollen.*«[81]

Entweder ist das, was die Engel sagen, gelogen, oder Jahwe hat aus seiner Allwissenheit unbegreiflicherweise keine Schlüsse gezogen, oder die Engel müssen ihn daran erinnern, daß er es wieder einmal vorgezogen hat, von seiner Allwissenheit nichts zu wissen. Auf alle Fälle löst erst ihre Intervention eine umfassende Racheaktion aus, aber keine wirklich gerechte Strafe, denn er ersäuft gleich die ganze lebendige Kreatur, mit Ausnahme von Noah und dessen Angehörigen. Dieses Intermezzo beweist, daß die Gottessöhne irgendwie vigilanter, fortschrittlicher und bewußter als ihr Vater sind. Um so höher ist die spätere Wandlung Jahwes zu veranschlagen. Die Vorbereitungen zu seiner Inkarnation machen tatsächlich den Eindruck, daß er aus der Erfahrung gelernt hat und bewußter zu Werke geht als früher. Zu dieser Bewußtseinsvermehrung trägt unzweifelhaft die Wiedererinnerung an die Sophia bei. Parallel damit wird auch die Offenbarung der metaphysischen Struktur expliziter. Während wir bei Ezechiel und Daniel nur Andeutungen über die Quaternität und den Menschensohn finden, gibt Henoch ausführliche und klare Berichte in dieser Hinsicht. Die Unterwelt, eine Art Hades, ist in vier Räume geteilt, welche zum Aufenthalt der Totengeister bis zum Endgericht dienen. Drei dieser Räume sind dunkel, und einer ist hell und enthält eine »helle Wasserquelle«.[82] Das ist der Raum für die Gerechten.

Mit Aussagen dieser Art gerät man in ein ausgesprochen psychologisches Gebiet, nämlich in die Mandalasymbolik, wohin auch die Proportionen 1:3 und 3:4 gehören. Der viergeteilte Hades des Henoch entspricht einer chthonischen Quaternität, die man wohl stets als im Gegensatz zu einer pneumatischen oder himmlischen stehend vermuten darf. Erstere entspricht in der Alchemie dem Elementenquaternio, letztere einem vierfachen, das heißt ganzheitlichen Aspekt der Gottheit, wie zum Beispiel Barbelo, Kolorbas, Mercurius quadratus oder die viergesichtigen Götter andeuten.

In der Tat erblickt Henoch die vier »Gesichter« Gottes. Drei

---

[81] Henoch 9,5–11. Zitiert nach: Die Apokryphen..., hrsg. von Kautzsch, S. 241.
[82] Henoch 22,1–9. Zitiert nach: Die Apokryphen..., hrsg. von Kautzsch, S. 253.

davon beschäftigen sich mit Lobpreisen, Beten und Bitten, das vierte aber wehrte die Satane ab und gestattete ihnen nicht, »vor den Herrn der Geister zu treten, um die Bewohner des Festlandes anzuklagen«.[83]

Die Vision stellt eine wesentliche Differenzierung des Gottesbildes dar: Gott hat vier Gesichter, beziehungsweise vier Engel des Angesichtes, das heißt vier Hypostasen oder Emanationen, wovon die eine ausschließlich damit beschäftigt ist, den in eine Mehrzahl verwandelten Gottessohn älteren Datums, Satan, in Übereinstimmung mit unserer obigen Konstatierung, von Gott fernzuhalten und weitere Experimente im Stile des Hiobbuches zu verhindern.[84] Noch befinden sich die Satane im himmlischen Bereich, denn der Sturz Satans ist noch nicht eingetreten. Die oben erwähnten Proportionen sind auch hier dadurch angedeutet, daß drei Engel heilige, beziehungsweise wohltätige Funktionen ausüben, der vierte aber ist streitbar, denn er muß Satan abwehren.

Diese Quaternität ist ausgesprochen pneumatischer Natur, daher durch Engel ausgedrückt, die meist als gefiederte Wesen vorgestellt werden, also als Luftwesen, was hier darum besonders wahrscheinlich ist, als sie von den vier Seraphim des Ezechiel abstammen dürften.[85] Die Verdoppelung und Trennung der Quaternität in eine obere und eine untere weist auf eine bereits eingetretene metaphysische Spaltung hin, ebenso wie die Fernhaltung der Satane vom himmlischen Hofe. Die pleromatische Spaltung ihrerseits aber stellt das Symptom einer weit tiefer gehenden Spaltung im göttlichen Willen dar: Der Vater will Sohn, Gott Mensch, der Amoralische ausschließlich gut und der Unbewußte bewußt verantwortlich werden. Aber all dies befindet sich erst in statu nascendi.

Das Unbewußte Henochs ist davon gewaltig erregt und offenbart seine Inhalte in apokalyptischen Visionen. Zudem veranlaßt es ihn zur »peregrinatio«, zur Reise nach den vier Himmelsgegenden und zur Mitte der Erde, womit er selber durch seine Bewegungen ein Mandala zeichnet, in Übereinstimmung mit den »Reisen« der alchemistischen Philosophen und den entsprechenden Phantasien des modernen Unbewußten.

Als Jahwe den Ezechiel mit »Menschensohn« anredete, so war dies zunächst nicht mehr als eine dunkle und unverständliche Andeutung. Hier aber wird es klar: Henoch, der Mensch, ist nicht

---

[83] Henoch 40,7. Zitiert nach: Die Apokryphen..., hrsg. von Kautzsch, S. 260.

[84] Ähnlich 87f. Von den vier »Wesen, die weißen Menschen glichen«, führen drei Henoch; einer aber fesselt einen Stern und wirft ihn in den Abgrund (zitiert nach: Die Apokryphen..., hrsg. von Kautzsch, S. 290).

[85] Drei haben Tiergesichter, einer ein Menschengesicht.

nur Empfänger göttlicher Offenbarung, sondern er wird zugleich in das göttliche Drama miteinbezogen, wie wenn er zum mindesten einer der Gottessöhne wäre. Man kann dies wohl nicht anders verstehen, als daß im gleichen Maße, in dem Gott Mensch zu werden sich anschickt, der Mensch in das pleromatische Geschehen eingetaucht, sozusagen darin getauft und der göttlichen Quaternität teilhaft gemacht (das heißt mit Christus gekreuzigt) wird. Darum wird noch heute bei dem Ritus der benedictio fontis das Wasser durch die Hand des Priesters kreuzweise geteilt und davon etwas nach den vier Himmelsrichtungen ausgeschüttet.

Henoch erweist sich als dermaßen vom göttlichen Drama ergriffen und beeinflußt, daß man von ihm ein ganz besonderes Verständnis der kommenden Gottesinkarnation beinahe voraussetzen kann: Der bei dem »Hochbetagten« befindliche »Menschensohn« sieht einem Engel (das heißt einem der Gottessöhne) gleich. Er ist es, »der die Gerechtigkeit hat, bei dem die Gerechtigkeit wohnt...; denn der Herr der Geister hat ihn auserwählt, und sein Los hat... alles durch Rechtschaffenheit... übertroffen«.[86] Es ist wohl kein Zufall, daß gerade die Gerechtigkeit so sehr hervorgehoben wird, denn sie ist jene Eigenschaft, deren Jahwe ermangelt, was einem Manne wie dem Verfasser des ›Buches Henoch‹ kaum verborgen geblieben ist. Unter der Herrschaft des Menschensohnes wird »das Gebet der Gerechten erhört, und das Blut des Gerechten vor dem Herrn der Geister gerächt«.[87] Henoch erblickt einen »Brunnen der Gerechtigkeit, der unerschöpflich war«.[88] Der Menschensohn »... wird ein Stab für die Gerechten und Heiligen sein... Zu diesem Zwecke war er auserwählt und verborgen vor ihm (Gott), bevor die Welt geschaffen wurde, und (er wird) bis in Ewigkeit vor ihm (sein). Die Weisheit des Herrn der Geister hat ihn... geoffenbart; denn er bewahrt das Los der Gerechten«.[89] »Denn Weisheit ist wie Wasser ausgegossen... Denn er ist mächtig über alle Geheimnisse der Gerechtigkeit, und Ungerechtigkeit wird wie ein Schatten vergehen... In ihm wohnt der Geist der Weisheit und der Geist dessen, der Einsicht giebt, und der Geist der Lehre und Kraft...«[90]

Unter der Herrschaft des Menschensohnes »... wird die Erde die, welche in ihr angesammelt sind, zurückgeben und auch die

---

[86] Henoch 46,1–3. Zitiert nach: Die Apokryphen..., hrsg. von Kautzsch, S. 261f.
[87] Henoch 47,4. Zitiert nach: Die Apokryphen..., hrsg. von Kautzsch, S. 263.
[88] Henoch 48,1. Zitiert nach: Die Apokryphen..., hrsg. von Kautzsch, S. 263.
[89] Henoch 48,4 und 6–7. Zitiert nach: Die Apokryphen..., hrsg. von Kautzsch, S. 264.
[90] Henoch 49,1–3. Zitiert nach: Die Apokryphen..., hrsg. von Kautzsch, S. 264.

Scheol wird wiedergeben, was sie empfangen hat und die Hölle[91] wird, was sie schuldet, herausgeben ... Der Auserwählte wird in jenen Tagen auf meinem Throne sitzen und alle Geheimnisse der Weisheit werden aus den Gedanken seines Mundes hervorkommen«.[92]

»Alle werden Engel im Himmel werden.«[93] Asasel und seine Scharen werden in den Feuerofen geworfen, weil »sie dem Satan unterthan wurden und die Erdenbewohner verführten«.[94]

In der Endzeit hält der Menschensohn Gericht über alle Geschöpfe. Sogar die »Finsternis wird vernichtet«, und »unaufhörlich wird das Licht sein«.[95] Selbst die beiden großen Beweisstücke Jahwes müssen dran glauben: Der Leviathan und der Behemoth werden zerteilt und aufgegessen. An dieser Stelle[96] wird Henoch vom offenbarenden Engel mit dem Titel »Menschensohn« angesprochen; ein Anzeichen mehr dafür, daß er, ähnlich wie Ezechiel, vom göttlichen Mysterium assimiliert, beziehungsweise in dasselbe einbezogen wird, was übrigens schon die bloße Tatsache, daß er Zeuge desselben ist, andeutet. Henoch wird entrückt und nimmt seinen Sitz im Himmel ein. Im »Himmel der Himmel« sieht er das Haus Gottes aus Kristall, das von Feuer umströmt und von den nie schlafenden gefiederten Wesen bewacht ist.[97] Der »Betagte« mit der Quaternität (Michael, Gabriel, Raphael, Phanuel) tritt heraus und spricht zu ihm: »Du bist der Mannessohn, der zur Gerechtigkeit geboren wird; Gerechtigkeit wohnt über dir und die Gerechtigkeit des betagten Hauptes verläßt dich nicht.«[98]

Es ist bemerkenswert, daß der Menschensohn und seine Bedeutung immer wieder mit der Gerechtigkeit zusammengebracht wird. Sie scheint ein Leitmotiv und Hauptanliegen zu sein. Nur wo Ungerechtigkeit droht oder schon geschehen ist, hat eine derartige Betonung der Gerechtigkeit einen Sinn. Niemand, nur Gott, kann in nennenswerter Weise Gerechtigkeit austeilen, und gerade in bezug auf ihn besteht berechtigterweise die Furcht, er möchte seine Gerechtigkeit vergessen. In diesem Falle würde dann sein gerechter Sohn bei ihm für die Menschen eintreten. So werden »die Gerechten Frieden haben«.[99] Die Gerechtigkeit, die unter dem

---

[91] Synonym zu Scheol.
[92] Henoch 51,1 und 3. Zitiert nach: Die Apokryphen..., hrsg. von Kautzsch, S. 265.
[93] Henoch 51,4. Zitiert nach: Die Apokryphen..., hrsg. von Kautzsch, S. 265.
[94] Henoch 54,6. Zitiert nach: Die Apokryphen..., hrsg. von Kautzsch, S. 266. Hier erfahren wir nun doch, daß der Exodus der zweihundert Engel ein Streich Satans war.
[95] Henoch 58,6. Zitiert nach: Die Apokryphen..., hrsg. von Kautzsch, S. 268.
[96] Henoch 60,10. Zitiert nach: Die Apokryphen..., hrsg. von Kautzsch, S. 269.
[97] Henoch 71,5–7. Zitiert nach: Die Apokryphen..., hrsg. von Kautzsch, S. 277.
[98] Henoch 71,14. Zitiert nach: Die Apokryphen..., hrsg. von Kautzsch, S. 277.
[99] Henoch 71,17. Zitiert nach: Die Apokryphen..., hrsg. von Kautzsch, S. 277.

Sohn herrschen wird, ist dermaßen hervorgehoben, daß der Eindruck entsteht, als ob früher unter der Herrschaft des Vaters das Unrecht den Vorrang gehabt hätte, und erst mit dem Sohne ein Zeitalter des Rechtes angebrochen wäre. Es scheint, als ob Henoch hiemit auf Hiob unbewußt Antwort gäbe.

Die Betonung des Alters Gottes hängt logisch mit der Existenz eines Sohnes zusammen, insinuiert aber auch den Gedanken, daß er etwas in den Hintergrund treten und dem Sohne die Regierung der Menschenwelt mehr und mehr überlassen werde, woraus eine gerechtere Ordnung erhofft wird. Man sieht aus alledem, daß irgendwo ein seelisches Trauma, die Erinnerung an eine himmelschreiende Ungerechtigkeit, nachwirkt und das Vertrauensverhältnis zu Gott trübt. Gott selber will einen Sohn haben, und man wünscht sich einen Sohn, daß er den Vater ersetze. Dieser Sohn muß, wie wir zur Genüge sehen, *unbedingt gerecht* sein, und dies vor allen anderen Tugenden. Gott und Mensch wollen der blinden Ungerechtigkeit entgehen.

Henoch erkennt sich in der Ekstase als Menschensohn beziehungsweise Gottes Sohn, obschon ihn weder Geburt noch Vorbestimmung auserschen zu haben scheinen.[100] Er erlebt jene göttliche Erhöhung, die wir bei Hiob bloß vermuteten, beziehungsweise als unvermeidlich erschlossen. Hiob selbst ahnt etwas derartiges, wenn er bekennt: »Ich aber weiß: mein Anwalt lebt.«[101] Diese höchst merkwürdige Äußerung kann sich, unter den damaligen Umständen, nur auf den gütigen Jahwe beziehen. Die traditionelle christliche Deutung dieser Stelle als einer Antizipation Christi besteht aber insofern zu Recht, als Jahwes wohlwollender Aspekt als eigene Hypostase sich im Menschensohn inkarniert, und dieser sich bei Henoch als ein Vertreter der Gerechtigkeit und im Christentum als Rechtfertiger des Menschen erweist. Zudem ist der Menschensohn präexistent, darum kann sich Hiob wohl auf ihn berufen. Wie der Satan die Rolle des Anklägers und Verleumders, so spielt Christus, der andere Gottessohn, die Rolle des Anwaltes und Verteidigers.

Trotz Widerspruch hat man begreiflicherweise in diesen messianischen Vorstellungen Henochs christliche Interpolationen sehen wollen. Aus psychologischen Gründen scheint mir dieser Verdacht aber ungerechtfertigt zu sein. Man sollte sich nur Rechenschaft darüber geben, was die Ungerechtigkeit, ja Amoralität Jah-

---

[100] Der Verfasser des Henochbuches hat als den Helden seiner Darstellung Henoch erwähnt, den Sohn des Jared, den »siebenten von Adam« der »mit Gott wandelte« und, anstatt zu sterben, einfach verschwand, d.h. von Gott entrückt wurde. »... und auf einmal war er nicht mehr da; denn Gott hatte ihn hinweggenommen.« (Genesis 5,24).

[101] Hiob 19,25.

wes einem frommen Denker bedeuten mußte! Es war ein allerschwerstes Stück, mit einer derartigen Gottesvorstellung belastet zu sein. Noch ein spätes Zeugnis erzählt uns von einem frommen Weisen, der nie den 89. Psalm lesen konnte, »weil er ihm zu schwer fiel«. Wenn man berücksichtigt, mit welcher Intensität und Ausschließlichkeit nicht nur die Lehre Christi, sondern auch die Kirchenlehre der nachfolgenden Jahrhunderte bis auf den heutigen Tag die Güte des liebenden Vaters im Himmel, die Erlösung von der Angst, das Summum Bonum und die privatio boni vertraten, so kann man daraus ermessen, welche Inkompatibilität die Gestalt Jahwes bedeutet, und wie unerträglich eine derartige Paradoxie dem religiösen Bewußtsein erscheint. Dem war wohl schon immer so seit den Tagen Hiobs.

Die innere Instabilität Jahwes ist Voraussetzung nicht nur der Weltschöpfung, sondern auch des pleromatischen Dramas, dessen tragischen Chor die Menschheit bildet. Die Auseinandersetzung mit der Kreatur wandelt den Schöpfer. In den alttestamentlichen Schriften finden wir vom 6. Jahrhundert an in zunehmendem Maße die Spuren dieser Entwicklung. Die beiden ersten Hauptpunkte bilden die Hiobstragödie einerseits und die Offenbarung des Ezechiel andererseits. Hiob ist der ungerecht Leidende, Ezechiel aber schaut die Vermenschlichung und Differenzierung Jahwes, und durch die Anrede »Menschensohn« wird ihm bereits angedeutet, daß die Inkarnation und Quaternität Gottes sozusagen das pleromatische Vorbild dafür sei, was dem Menschen schlechthin, nicht bloß dem seit Ewigkeit vorgesehenen Gottessohn, durch die Wandlung und Menschwerdung Gottes geschehen werde. Dies erfüllt sich in intuitiver Vorwegnahme bei Henoch. Er wird ekstatisch zum Menschensohn im Pleroma, und seine Entrückung auf dem Wagen (wie Elias) präfiguriert die Totenauferstehung. Zur Erfüllung seiner Rolle als Gerechtigkeitswalter muß er ja in Gottes unmittelbare Nähe gelangen, und als präexistenter Menschensohn ist er dem Tode nicht mehr unterworfen. Insofern er aber gewöhnlicher Mensch und daher an sich sterblich war, so kann auch anderen Sterblichen so gut als ihm das Schauen Gottes zustoßen, und sie können ihres Erretters bewußt und damit unsterblich werden.

Alle diese Ideen hätten schon damals auf Grund der bestehenden Voraussetzungen bewußtwerden können, wenn nur jemand etwas ernstlich darüber nachgedacht hätte. Dazu braucht es keine christlichen Interpolationen. Das Buch Henoch antizipierte in großem Stile, aber alles hing noch in der Luft als bloße Offenbarung, die nirgends den Boden erreichte. Man kann in Anbetracht dieser Tatsachen beim besten Willen nicht einsehen, wieso das Christentum, wie man immer wieder hören kann, als absolutes Novum in die

Weltgeschichte eingebrochen sei. Wenn etwas je historisch vorbereitet und von den schon bestehenden Anschauungen der Umwelt getragen und unterstützt war, so bildet das Christentum hiefür ein schlagendes Beispiel.

12.

Jesus tritt zunächst als jüdischer Reformator und als Prophet eines ausschließlich guten Gottes auf. Damit rettet er den bedrohten religiösen Zusammenhang. In dieser Beziehung erweist er sich in der Tat als sōtēr (Retter). Er bewahrt die Menschheit vor dem Verluste der Gottesgemeinschaft und dem Verlorengehen ins bloße Bewußtsein und dessen »Vernünftigkeit«. Das hätte soviel wie eine Dissoziation zwischen dem Bewußtsein und dem Unbewußten bedeutet, also einen unnatürlichen beziehungsweise pathologischen Zustand, einen sogenannten »Seelenverlust«, von dem der Mensch seit Urzeit immer wieder bedroht ist. Immer wieder und in steigendem Maße gerät er in die Gefahr, die irrationalen Gegebenheiten und Notwendigkeiten seiner Psyche zu übersehen und sich einzubilden, mit Willen und Vernunft alles zu beherrschen und damit die Rechnung ohne den Wirt zu machen, was am deutlichsten bei den großen sozialpolitischen Bestrebungen, wie Sozialismus und Kommunismus, zu sehen ist: Unter jenem leidet der Staat und unter diesem der Mensch.

Jesus hat, wie ersichtlich, die vorhandene Tradition in seine persönliche Wirklichkeit übersetzt und verkündet die frohe Botschaft: »Gott hat ein Wohlgefallen an der Menschheit. Er ist ein liebender Vater und liebt euch, so wie ich euch liebe, und hat mich als seinen Sohn gesandt, euch von der alten Schuld loszukaufen.« Er selber bietet sich als das Sühnopfer an, welches die Versöhnung mit Gott herbeiführen soll. Je wünschenswerter nun ein wirkliches Vertrauensverhältnis zwischen Gott und Mensch ist, desto mehr muß die Rachsucht und Unversöhnlichkeit Jahwes gegenüber seinen Kreaturen auffallen. Von Gott als dem guten Vater, der die Liebe selber ist, dürfte man verstehende Verzeihung erwarten. Daß aber der suprem Gute diesen Gnadenakt sich durch ein Menschenopfer, und zwar durch die Tötung seines eigenen Sohnes abkaufen läßt, kommt als unerwarteter Schock. Anscheinend hat Christus diese Antiklimax übersehen, jedenfalls haben alle folgenden Jahrhunderte sie ohne Widerspruch hingenommen. Man muß sich vor Augen halten: Der Gott des Guten ist dermaßen unversöhnlich, daß er sich nur durch ein Menschenopfer beschwichtigen läßt! Das ist eine Unerträglichkeit, die man heutzutage nicht mehr ohne weiteres schlucken kann, denn man muß schon blind sein, wenn man das grelle Licht, das von hier auf den göttlichen Charakter fällt und das Gerede von Liebe und Summum Bonum Lügen straft, nicht sieht.

Christus erweist sich in doppelter Hinsicht als Mittler: Er hilft dem Menschen gegenüber Gott und beschwichtigt die Angst, die man vor diesem Wesen empfindet. Er nimmt eine wichtige Mittelstellung zwischen den zwei schwer vereinbaren Extremen Gott und Mensch ein. Sichtlich verschiebt sich der Focus des göttlichen Dramas auf den vermittelnden *Gottmenschen*. Ihm fehlt weder das Menschliche noch das Göttliche, deshalb ist er auch schon früh durch ganzheitliche Symbole gekennzeichnet worden, weil er als alles umfassend und als die Gegensätze einend verstanden wird. Ebenso ist ihm die ein differenziertes Bewußtsein andeutende Quaternität des Menschensohnes zugedacht worden (vide Kreuz und Tetramorph). Das entspricht im allgemeinen der Vorlage bei Henoch, aber mit *einem* bedeutenden Abstrich: Ezechiel und Henoch, die beiden Träger des Titels »Menschensohn«, sind gewöhnliche Menschen, während Christus schon durch Abstammung,[102] Zeugung und Geburt ein Heros und Halbgott in antikem Sinne ist. Er ist durch den Heiligen Geist jungfräulich gezeugt. Er ist kein kreatürlicher Mensch und hat daher keine Neigung zur Sünde. Die Infektion des Bösen wurde durch die Vorbereitung der Inkarnation bei ihm ausgeschaltet. Christus steht daher mehr auf der göttlichen als auf der menschlichen Seite. Er inkarniert den guten Gotteswillen ausschließlich und steht darum nicht genau in der Mitte, denn das Essentielle des kreatürlichen Menschen, die Sünde, erreicht ihn nicht. Die Sünde ist ursprünglich vom göttlichen Hofstaat her durch Satan in die Schöpfung eingedrungen, worüber Jahwe sich dermaßen erzürnte, daß schließlich sein eigener Sohn geopfert werden mußte, um ihn zu versöhnen. Seltsamerweise hat er nicht vor allem Satan aus seiner Umgebung entfernt. Bei Henoch ist ein besonderer Erzengel, Phanuel, damit betraut, die satanischen Einflüsterungen von Jahwe fernzuhalten, und erst in der Endzeit soll Satan als Stern[103] gefesselt in den Abgrund geworfen und vernichtet werden (nicht so in der Apokalypse des Johannes, wo er ewig in seinem Element erhalten bleibt).

Obschon im allgemeinen angenommen wird, daß das einmalige Opfer Christi den Fluch der Erbsünde gebrochen und Gott end-

---

[102] Infolge der Conceptio immaculata ist schon Maria von den anderen Sterblichen verschieden, was durch die Assumptio noch bekräftigt wird.
[103] Vermutlich als »Morgenstern«. (Vgl. dazu Offenbarung 2,28 und 22,16.) Das ist der Planet Venus mit seinen psychologischen Implikationen, und nicht etwa einer der beiden malefici, Saturn oder Mars.

gültig versöhnt habe, so scheint Christus in dieser Hinsicht doch etwelche Besorgnisse empfunden zu haben. Was wird mit den Menschen, insbesondere mit seinen Anhängern geschehen, wenn die Herde ihren Hirten verloren hat, und wenn sie den vermissen, der für sie beim Vater eingetreten ist? Er versichert zwar seine Jünger, daß er immer gegenwärtig sein werde, ja, daß er in ihnen selber sei. Trotzdem scheint ihm dies nicht zu genügen, sondern er verspricht ihnen darüber hinaus, an seiner Statt einen anderen paraklētos (Anwalt, Rechtsbeistand), der ihnen mit Rat und Tat beistehen und ewig bei ihnen bleiben werde,[104] vom Vater her zu senden. Man könnte demnach vermuten, daß die »Rechtslage« noch immer nicht über alle Zweifel hinaus geklärt sei, beziehungsweise noch immer ein Unsicherheitsfaktor bestehe.

Die Sendung des Parakleten hat aber noch einen anderen Aspekt. Dieser Geist der Wahrheit und Erkenntnis ist der Heilige Geist, von dem Christus gezeugt worden ist. Er ist der Geist der physischen und geistigen Zeugung, der von nun an in den kreatürlichen Menschen seine Wohnung aufschlagen soll. Da er die dritte Person der Gottheit darstellt, so heißt das soviel, als daß *Gott im kreatürlichen Menschen gezeugt* werde. Das bedeutet eine gewaltige Veränderung im Status des Menschen, indem er dadurch in gewissem Sinne zur Sohnschaft und zur Gottmenschlichkeit erhoben wird. Damit erfüllt sich die Präfiguration bei Ezechiel und Henoch, wo, wie wir sahen, der Titel »Menschensohn« bereits dem kreatürlichen Menschen verliehen wird. Damit gerät aber der Mensch, trotz seiner ihm anhaftenden Sünde, in die Stellung des Mittlers, des Einigers von Gott und Kreatur. Christus hat diese unabsehbare Möglichkeit wohl im Auge gehabt, als er sagte: »Wer an mich glaubt, der wird die Werke, die ich tue, auch tun und wird größere als diese tun«,[105] und als er an die Psalmstelle (82,6) erinnerte: »Wohl habe ich gesprochen: Götter seid ihr, ihr alle seid Söhne des Höchsten«, da fügte er bei: »Die Schrift kann nicht aufgelöst werden.«[106]

Die zukünftige Einwohnung des Heiligen Geistes im Menschen bedeutet soviel als eine fortschreitende Inkarnation Gottes. Christus als der gezeugte Gottessohn und als präexistenter Mittler ist ein Erstling und ein göttliches Paradigma, das gefolgt wird von weiteren Inkarnationen des Heiligen Geistes im wirklichen Menschen. Dieser Mensch aber hat Teil am Dunkel der Welt, und darum entsteht nun mit dem Tode Christi eine kritische Situation,

---

[104] Johannes 14,16.
[105] Johannes 14,12.
[106] Johannes 10,35.

die wohl zu Besorgnissen Anlaß geben kann. Bei der Menschwerdung wurde ja das Dunkle und Böse überall sorgfältig draußen gehalten. Henochs Wandlung zum Menschensohn verläuft ganz im Lichten, und noch mehr die Menschwerdung in Christus. Es ist keineswegs wahrscheinlich, daß die Verbindung zwischen Gott und Mensch mit dem Tode Christi abreißt; im Gegenteil wird die Kontinuität dieser Beziehung immer wieder betont und durch die Sendung des Parakleten noch ausführlich bestätigt. Je inniger die Verbindung sich aber gestaltet, desto mehr nähert sich der Zusammenstoß mit dem Bösen. Aus einer schon früh bestehenden Ahnung heraus entwickelt sich nun die Erwartung, daß auf die lichte Manifestation eine entsprechend dunkle und auf Christus ein Antichristus folgen werde. Man sollte eine derartige Ansicht nach der metaphysischen Sachlage eigentlich nicht erwarten, denn die Macht des Bösen ist angeblich überwunden, und von einem liebenden Vater kann man nicht voraussetzen, daß er nach der ganzen umfangreichen Heilsveranstaltung in Christus, der Versöhnung und Deklaration der Menschenliebe, seinen bösen Hofhund, in Mißachtung alles Vorausgegangenen, wieder auf seine Kinder loslassen könnte. Warum diese enervierende Duldsamkeit gegenüber Satan? Woher die hartnäckige Projektion des Bösen auf die Menschen, die er ja so schwach, anfällig und dumm geschaffen hat, daß sie seinen bösen Söhnen natürlich längst nicht gewachsen sind? Warum das Übel nicht an der Wurzel packen?

Der gute Gotteswille hat einen guten und hilfreichen Sohn gezeugt und das Bild eines guten Vaters von sich geprägt; leider – wie man sagen muß – wieder einmal ohne Berücksichtigung des Umstandes, daß ein Wissen um eine anderslautende Wahrheit vorhanden war. Hätte er sich Rechenschaft über sich selber gegeben, so hätte er sehen müssen, in was für eine Dissoziation er durch seine Menschwerdung geraten würde. Wo ist denn seine Dunkelheit hingekommen, vermöge welcher Satan stets der verdienten Strafe entgeht? Glaubt er, er sei ganz gewandelt und seine Amoralität sei von ihm abgefallen? Selbst sein lichter Sohn hat ihm in dieser Hinsicht nicht ganz getraut. Nun sendet er gar den »Geist der Wahrheit« zu den Menschen, und diese werden mit ihm bald genug entdecken, was man erwarten muß, wenn Gott sich bloß in seinem lichten Aspekt inkarniert und glaubt, das Gute selber zu sein, oder wenigstens dafür gehalten zu werden wünscht. Man muß sich auf eine Enantiodromie großen Stils gefaßt machen. Das ist wohl der Sinn der Antichristerwartung, welche wir vielleicht eben gerade der Wirksamkeit des »Geistes der Wahrheit« verdanken.

Der Paraklet war zwar metaphysisch von größter Bedeutung,

aber für die Organisation einer Kirche höchst unerwünscht, denn er entzieht sich, sogar unter Berufung auf die Schriftautorität, jeglicher Kontrolle. Im Gegensatz dazu muß im Interesse der Kontinuität und der Kirche die Einmaligkeit der Menschwerdung und des Erlösungswerkes ebenso energisch betont werden, wie die fortschreitende Einwohnung des Heiligen Geistes möglichst decouragiert und ignoriert wird. Man kann keine weiteren individualistischen Digressionen mehr dulden. Wer sich etwa zu abweichenden Meinungen durch den Heiligen Geist bewogen fühlt, wird notwendigerweise zum Ketzer, dessen Bekämpfung und Ausrottung ganz nach dem Geschmacke Satans ausfällt. Allerdings muß man andererseits begreifen, daß, wenn jedermann die Intuitionen seines Heiligen Geistes zur Verbesserung der allgemeinen Lehre den anderen hätte aufdrängen wollen, das damalige Christentum wohl in kürzester Frist in einer babylonischen Sprachverwirrung untergegangen wäre – ein Schicksal, das bedrohlich nahe lag.

Dem Parakleten, dem »Geist der Wahrheit«, fällt die Aufgabe zu, in menschlichen Individuen zu wohnen und zu wirken, um sie daran zu erinnern, was Christus gelehrt, und um sie in die Klarheit zu führen. Ein gutes Beispiel für diese Tätigkeit des Heiligen Geistes ist Paulus, der den Herrn nicht gekannt und sein Evangelium nicht von den Aposteln, sondern durch Offenbarung empfangen hat. Er gehört zu denen, deren Unbewußtes beunruhigt war und offenbarende Ekstasen verursachte. Das Leben des Heiligen Geistes zeigt sich eben darin, daß er tätig ist und Wirkungen hat, welche nicht bloß Vorhandenes bestätigen, sondern noch darüber hinaus führen. So gibt es auch schon in den Äußerungen Christi Anzeichen von Ideen, die über das traditionell »Christliche« hinausgehen, zum Beispiel das Gleichnis vom ungetreuen Haushalter, dessen Moral mit dem Logion des Codex Bezae[107] übereinstimmt und einen anderen ethischen Standpunkt, als den erwarteten, verrät. Das moralische Kriterium bildet hier die *Bewußtheit,* und nicht Gesetz und Konvention. Man könnte hier auch die eigenartige Tatsache anführen, daß Christus gerade den Petrus, der wenig Selbstbeherrschung und einen wankelmütigen Charakter besitzt, zum Felsen und Fundament seiner Kirche machen will. Dies scheinen mir Züge zu sein, die auf eine Einbeziehung des Bösen in eine moralisch differenzierende Betrachtungsweise hindeuten. Zum Beispiel gut ist, wenn das Böse vernünftigerweise verhüllt wird; böse ist die Unbewußtheit des Handelns. Man könnte fast vermu-

---

[107] Eine apokryphe Einschaltung zu Lukas 6,4 (»Mensch, wenn du weißt, was du thust, bist du selig, wenn du es nicht weißt, bist du verflucht und ein Übertreter des Gesetzes.«) Zitiert nach: Codex Bezae Cantabrigiensis, hrsg. von Scrivener; vgl. auch Hennecke: Neutestamentliche Apokryphen, S. 37.

ten, daß solche Ansichten bereits eine Zeit ins Auge fassen, wo neben dem Guten auch das Böse in Betracht fällt, beziehungsweise nicht mehr a limine unterdrückt wird unter der zweifelhaften Annahme, man wisse jeweils ganz genau, was böse ist.

Auch die Antichristuserwartung scheint eine weiterführende Offenbarung oder Entdeckung zu sein, ebenso die bemerkenswerte Feststellung, daß der Teufel trotz Sturz und Exil doch immerhin noch der »Herr dieser Welt« bleibt und in der allumgebenden Luft beheimatet ist. Trotz seinen Missetaten und trotz dem göttlichen Rettungswerk zugunsten der Menschheit hat er doch noch eine beträchtliche Machtposition inne, in deren Bereich die gesamte sublunare Kreatur fällt. Eine derartige Situation kann man nicht anders denn als kritisch bezeichnen, jedenfalls entspricht sie nicht dem, was man nach dem Inhalt der frohen Botschaft vernünftigerweise hätte erwarten können. Der Böse ist keineswegs angekettet, auch wenn die Tage seiner Herrschaft gezählt sind. Noch immer zögert Gott, dem Satan Gewalt anzutun. Man muß annehmen, daß er offenbar noch immer nicht darum weiß, wie seine eigene dunkle Seite den bösen Engel begünstigt. Dem »Geist der Wahrheit«, der im Menschen seine Wohnung genommen hat, kann diese Sachlage auf die Dauer natürlich nicht verborgen bleiben. Er stört darum das Unbewußte des Menschen und verursacht noch in der christlichen Urzeit eine weitere große Offenbarung, die, um ihrer Dunkelheit willen, in der Folgezeit zu vielen Deutungen und Mißdeutungen Anlaß gab. Es ist die Offenbarung Johannis.

13.

Man könnte sich unter dem Johannes der Apokalypse wohl kaum eine geeignetere Persönlichkeit vorstellen, als den Verfasser der Johannesbriefe: Dieser bekennt, daß Gott Licht und »keine Finsternis in ihm ist«.[108] (Wer sprach denn davon, daß in Gott etwas Finsteres sei?) Immerhin weiß er, daß, wenn wir sündigen, wir bei Gott einen Fürsprecher brauchen, nämlich Christus, das Sühnopfer,[109] obschon uns die Sünden um seinetwillen bereits vergeben sind. (Warum brauchen wir dann einen Rechtsbeistand?) Der Vater hat uns seine große Liebe geschenkt (wo sie ihm doch durch ein Menschenopfer abgekauft werden mußte!), und wir sind die Kinder Gottes. Wer aus Gott gezeugt ist, begeht keine Sünde.[110] (*Wer*

---

[108] 1. Johannes 1,5.
[109] 1. Johannes 2,1–2.
[110] 1. Johannes 3,9.

begeht *keine* Sünde?) Er predigt die Botschaft der Liebe. Gott selbst ist die Liebe. Vollkommene Liebe vertreibt die Furcht. Aber er muß vor falschen Propheten und Irrlehrern warnen, und er ist es, der das Kommen des Antichristus ankündigt.[111] Seine bewußte Einstellung ist orthodox, aber ihm ahnt Böses. Er könnte leicht böse Träume haben, die nicht auf seinem bewußten Programm angemerkt sind. Er spricht so, wie wenn er nicht nur einen sündlosen Zustand, sondern auch eine vollkommene Liebe kennte, unähnlich Paulus, dem es nicht an der nötigen Selbstreflexion fehlt. Johannes ist etwas zu sicher, und darum riskiert er eine Dissoziation. Unter solchen Umständen nämlich entsteht im Unbewußten eine Gegenposition, die einmal in Gestalt einer Offenbarung ins Bewußtsein durchbrechen kann. Die Offenbarung wird, wenn sie erfolgt, die Form eines mehr oder weniger subjektiven Mythus haben, weil sie unter anderem die Einseitigkeit eines individuellen Bewußtseins kompensiert; dies im Gegensatz zur Vision eines Ezechiel oder Henoch, deren Bewußtseinslage hauptsächlich durch (unverschuldete) Unwissenheit gekennzeichnet ist und darum durch eine mehr oder weniger objektive und allgemeingültige Gestaltung des archetypischen Materials kompensiert wird.

Diesen Bedingungen entspricht die Apokalypse, soweit wir dies festzustellen vermögen. Schon in der Eingangsvision tritt eine *furchterregende* Gestalt auf: Christus verschmolzen mit dem »Hochbetagten«, dem Menschen- und Menschensohnähnlichen. Aus seinem Munde geht ein »scharfes zweischneidiges Schwert«, das zu Kampf und Blutvergießen tauglicher erscheint als zur Bekundung brüderlicher Liebe.[112] Da Christus ihm sagt: »Fürchte dich nicht«, muß man wohl annehmen, daß Johannes nicht von Liebe überwältigt war, als er »wie tot« hinfiel,[113] sondern vielmehr von *Furcht*. (Wie steht es hier mit der vollkommenen Liebe, die alle Furcht vertreibt?)

Christus trägt ihm sieben Sendschreiben an die Gemeinden in der Provinz Asia auf. Die Gemeinde in Ephesus wird ermahnt, Buße zu tun, ansonsten sie mit der Beraubung des Lichtes bedroht wird.[114] Man erfährt in diesem Schreiben auch, daß Christus die Nikolaiten »haßt«. (Wie verträgt sich das mit der Nächstenliebe?)

Die Gemeinde von Smyrna kommt besser weg. Ihre Gegner sind angeblich Juden, bilden aber »eine Synagoge des Satans«, was nicht gerade freundlich klingt.

---

[111] 1. Johannes 2,18 f. und 4,3.
[112] Vgl. dazu Offenbarung 19,15.
[113] Offenbarung 1,16–17.
[114] Offenbarung 2,5 ff.

Pergamus wird getadelt, weil sich dort ein Irrlehrer bemerkbar macht. Ebenso gibt es dort Nicolaiten. Also soll die Gemeinde Buße tun, »sonst komme ich schnell über dich«, was man wohl als Drohung verstehen muß.

Thyatira läßt die falsche Prophetin Isebel gewähren. Er wird »sie aufs Siechbett« werfen, und »ihre Kinder will ich des Todes sterben lassen«. Wer aber bei ihm verharrt, »dem will ich Macht über die Heiden geben, und ›er wird sie mit eisernem Stabe weiden, wie die irdenen Gefäße zerschlagen werden‹ – wie auch ich (solche Macht) von meinem Vater empfangen habe –, und ich will ihm den Morgenstern geben«.[115] Christus lehrt wie bekannt: »Liebet eure Feinde«, hier droht er aber mit bethlehemitischem Kindermord!

Die Werke der Gemeinde von Sardes sind nicht vollkommen vor Gott. Darum »tue Buße«! Sonst wird er wie ein Dieb zu unerwarteter Stunde über sie kommen[116] – eine nicht gerade wohlwollende Warnung.

An Philadelphia ist nichts zu tadeln. Laodicea aber will er wegen ihrer Lauheit »ausspeien« aus seinem Munde. Sie soll Buße tun. Bezeichnend ist die Erklärung: »Ich strafe und züchtige alle, die ich liebhabe.«[117] Es wäre begreiflich, wenn sich jemand nicht zu viel von dieser »Liebe« wünschte.

Fünf von den sieben Gemeinden erhalten schlechte Zensuren. Dieser apokalyptische »Christus« benimmt sich eher wie ein übelgelaunter, machtbewußter »boss«, der durchaus dem »Schatten« eines die Liebe predigenden Bischofs gleicht.

Wie zur Bestätigung des Gesagten folgt eine Gottesvision im Stile Ezechiels. Aber der, der auf dem Throne sitzt, sieht nicht gerade einem Menschen ähnlich, sondern »war seinem Ansehen nach *gleich einem Jaspis- und Karneolstein*«.[118] Vor ihm war ein »gläsernes Meer, gleich Kristall«. Um den Thron stehen die vier »Wesen« (zōa, animalia), welche überall, vorne und hinten, außen und innen *mit Augen bedeckt* sind.[119] Das Symbol des Ezechiel ist in seltsamer Weise modifiziert: Stein, Glas, Kristall, lauter tote und starre Dinge, charakterisieren die Gottheit, Stoffe, die dem anorganischen Reich entstammen. Man denkt unwillkürlich an die Präokkupation der nachfolgenden Zeiten, wo der geheimnisvolle »Mensch«, der »homo altus« als lithos ou lithos (Stein kein Stein) bezeichnet wurde, und wo im Meere des Unbewußten die vielen

---

[115] Offenbarung 2,20–28.
[116] Offenbarung 3,3.
[117] Offenbarung 3,19.
[118] Offenbarung 4,3.
[119] Offenbarung 4,6.

»Augen« aufleuchteten.[120] Jedenfalls kommt hier Johanneische Psychologie herein, welche Witterung von einem Jenseits des christlichen Kosmos erhalten hat.

Hierauf folgt die Eröffnung des mit sieben Siegeln verschlossenen Buches durch das »Lamm«. Letzteres hat die menschlichen Züge des »Hochbetagten« abgelegt und erscheint in rein theriomorpher, aber monströser Form, wie eines der vielen anderen gehörnten Tiere der Apokalypse: Es hat sieben Augen und sieben Hörner, ist darum nicht lamm-, sondern widderähnlich und muß überhaupt ziemlich übel ausgesehen haben. Obschon es als »wie geschlachtet«[121] dargestellt wird, so benimmt es sich in der Folge doch keineswegs als unschuldiges Opfer, sondern recht lebhaft. Aus den vier ersten Siegeln entläßt es die vier unheilvollen apokalyptischen Reiter. Beim fünften Siegel hört man das Rachegeschrei der Märtyrer (»Wie lange, heiliger und wahrhaftiger Herr, *richtest* du nicht und *rächst* unser Blut nicht an denen, die auf Erden wohnen?«).[122] Das sechste Siegel bringt eine kosmische Katastrophe, und alles verbirgt sich »vor dem *Zorn* des Lammes. Denn gekommen ist *der große Tag seines Zorns*...«.[123] Man erkennt das sanfte Lamm, das sich ohne Widerstand zur Schlachtbank führen läßt, nicht wieder, wohl aber den streit- und reizbaren Widder, dessen Wut nun endlich loslegen kann. Ich sehe darin weniger ein metaphysisches Geheimnis, als zunächst einmal den Ausbruch längst aufgestauter negativer Gefühle, die man bei Vollkommensein-Wollenden häufig beobachtet. Man darf es bei dem Verfasser der Johanneischen Briefe als selbstverständlich voraussetzen, daß er sich alle Mühe gibt, das, was er den Mitchristen predigt, auch bei sich vorbildlich wahrzumachen. Zu diesem Zwecke muß er alle negativen Gefühle ausschalten, und infolge eines hilfreichen Mangels an Selbstreflexion kann er sie vergessen. Sie sind zwar von der Bildfläche des Bewußtseins verschwunden, wuchern aber unter der Decke weiter und erzeugen mit der Zeit ein ausgedehntes Gespinst von Ressentiments und Rachegedanken, die dann einmal offenbarungsweise über das Bewußtsein hereinbrechen. Daraus entsteht ein schreckenerregendes Gemälde, das allen Vorstellungen von christlicher Demut, Duldsamkeit, Nächsten- und Feindesliebe, von einem liebenden Vater im Himmel und einem menschenrettenden Sohn und Heiland ins Gesicht schlägt. Eine wahre Orgie von Haß, Zorn, Rache und blinder Zerstörungswut, die sich

---

[120] Dies ist eine Anspielung auf die »Luminosität« der Archetypen. Vgl. Theoretische Überlegungen zum Wesen des Psychischen, GW 7.
[121] Offenbarung 5,6.
[122] Offenbarung 6,10.
[123] Offenbarung 6,16–17.

an phantastischen Schreckgebilden nicht genugtun kann, bricht aus und überschwemmt mit Blut und Feuer eine Welt, die man eben noch zu dem ursprünglichen Status der Unschuld und der Liebesgemeinschaft mit Gott zu erlösen sich bemüht hat.

Die Eröffnung des siebenten Siegels bringt natürlich eine neue Flut von Miseren, welche die unheilige Phantasie des Johannes zu erschöpfen drohen. Wie zur Stärkung muß er nun ein Büchlein verschlingen, um weiter »prophezeien« zu können.

Als der siebente Engel endlich ausgeblasen hat, erscheint am Himmel, nach der Zerstörung Jerusalems, das *Sonnenweib*, das den Mond unter den Füßen und einen Kranz von zwölf Sternen auf seinem Haupte hat.[124] Sie ist in Geburtsnöten, und vor ihr liegt der feuerrote Drache, der ihr Kind verschlingen will.

Diese Vision fällt aus der Reihe. Während man bei den bisherigen Bildern sich nur schwer dem Eindruck, daß sie einer nachträglichen, ordnenden und ausschmückenden Bearbeitung unterzogen wurden, entziehen kann, hat man bei diesem Stück das Gefühl, daß es ursprünglich und auf keinen erzieherischen Zweck ausgerichtet sei. Die Vision ist eingeleitet durch die Eröffnung des Tempels im Himmel und das Sichtbarwerden der Bundeslade.[125] Dies ist wohl ein Vorspiel zum Herabkommen der himmlischen Braut Jerusalem, eines Äquivalents der Sophia, denn es handelt sich hier um ein Stück des himmlischen Hierosgamos, dessen Frucht ein göttlicher Knabe ist. Ihm droht das Schicksal Apolls, des Sohnes der Leto, welcher ebenfalls vom Drachen verfolgt wurde.* Hier müssen wir für einen Augenblick bei der Gestalt der Mutter verweilen. Sie ist »ein Weib, angetan mit der Sonne«. Man beachte die einfache Konstatierung »ein Weib«, eine Frau schlechthin, keine Göttin und keine ewige Jungfrau, die unbefleckt empfangen wurde. Es sind keinerlei Maßnahmen bemerkbar, welche sie ihrer vollständigen Weiblichkeit entheben würden, allerdings mit der Ausnahme der ihr beigegebenen kosmisch-naturhaften Attribute, die sie zu einer anima mundi, dem kosmischen Urmenschen ebenbürtig, stempeln. Sie ist der weibliche Urmensch, das Gegenstück des Urmännlichen, wozu sich das Motiv der heidnischen Leto vorzüglich eignet, denn in der griechischen Mythologie mischt sich noch gleichwertig Matriarchales mit Patriarchalem. Oben die Sterne, unten der Mond, in der Mitte die Sonne, der Horus des Aufganges

---

[124] Offenbarung 12,1.
[125] Offenbarung 11,19. Die arca foederis ist eine allegoria Mariae.

* Dieser Satz befindet sich nicht in der Originalausgabe von 1952, ebenfalls nicht in der Neuauflage von 1953, wohl aber in der revidierten Neuausgabe von 1961. Er mag für die englische Erstausgabe (1954) verfaßt worden sein, für die Jung einige kleine Änderungen vornahm (vgl. The Collected Works of C. G. Jung, Bd. 11, S. 355).

und der Osiris des Unterganges, rings umgeben von der mütterlichen Nacht, ouranos anō, ouranos katō,[126] – dieses Symbol enthüllt das ganze Geheimnis des »Weibes«: Sie enthält in ihrem Dunkel die Sonne des »männlichen« Bewußtseins, die als Kind dem Nachtmeer des Unbewußten entsteigt und als Greis darein versinkt. Sie fügt zum Hellen das Dunkle; sie bedeutet den Hierosgamos der Gegensätze und versöhnt die Natur mit dem Geiste.

Der Sohn, der dieser himmlischen Hochzeit entspringt, ist notwendigerweise eine complexio oppositorum, ein vereinigendes Symbol, eine Ganzheit des Lebens. Gewiß nicht ohne Grund macht hier das Unbewußte des Johannes eine Anleihe bei der griechischen Mythologie, um das eigenartige eschatologische Erlebnis zu schildern: Es soll nämlich nicht mit der Geburt des Christusknaben, die, unter ganz anderen Umständen, schon längst zuvor erfolgt war, verwechselt werden. Der neugeborene Knabe wird zwar, in offenkundiger Anlehnung an das »zornige« Lamm, das heißt an den apokalyptischen Christus, als ein Duplikat desselben, nämlich als einer, der »alle Heiden weiden soll mit eisernem Stabe«,[127] charakterisiert. Er wird also an die vorherrschenden Haß- und Rachegefühle assimiliert, so daß es den Anschein hat, als ob er, überflüssigerweise, das Strafgericht noch in einer fernen Zukunft fortsetzen würde. Das paßt insofern nicht, als das Lamm bereits mit dieser Aufgabe betraut ist und sie, im Verlaufe der Offenbarung, auch zu Ende führt, ohne daß der neugeborene Knabe irgendwann eine Gelegenheit zu eigenem Handeln hätte. Er kehrt nirgends wieder. Ich bin deshalb geneigt anzunehmen, daß, wenn dessen Charakterisierung als Rachesohn keine deutende Interpolation sein sollte, sie dem Apokalyptiker als geläufige Phrase und zugleich als ihm naheliegende Deutung in die Feder geflossen ist. Dies ist um so wahrscheinlicher, als unter den damaligen Umständen dieses Intermezzo kaum irgendwie anders hätte verstanden werden können, obschon die Deutung völlig sinnlos ist. Wie ich oben schon bemerkte, bildet die Sonnenweib-Episode einen Fremdkörper im Flusse der Visionen. Es dürfte daher nicht abwegig sein, zu vermuten, daß schon der Verfasser der Apokalypse und, wenn nicht dieser, dann ein perplexer Abschreiber das Bedürfnis empfand, diese offenkundige Christusparallele irgendwie zu deuten, beziehungsweise dem Gesamttext anzugleichen. Das konnte leicht mit dem geläufigen Bilde vom Hirten mit dem eisernen Stabe geschehen. Ein anderer Zweck dieser Assoziation wäre mir unerfindlich.

---

[126] »Himmel oben, Himmel unten.« (Vgl. Ruska: Tabula smaragdina, S. 2 f.; ferner Jung: Die Psychologie der Übertragung, GW 16, § 384.)
[127] Offenbarung 12,5 und 2,27.

Der Knabe wird zu Gott, seinem offenkundigen Vater, entrückt, und die Mutter wird in der Wüste verborgen, womit wohl angedeutet sein soll, daß es sich um eine vorderhand auf unbestimmte Zeit latente Gestalt handelt, deren spätere Wirksamkeit noch vorbehalten ist. Die Hagargeschichte dürfte hier präfigurierend sein. Die relative Ähnlichkeit dieser Geschichte mit der Geburtslegende Christi will offenbar nur bedeuten, daß die neuere Geburt ein analoges Ereignis dazu darstellt, und zwar vermutlich in derselben Weise wie die zuvor geschilderte Inthronisierung des Lammes in seiner metaphysischen Herrlichkeit, wobei dieser Akt schon längst, nämlich zur Zeit der Himmelfahrt, stattgefunden haben muß. In gleicher Weise ist geschildert, wie der Drache, das heißt der Teufel, auf die Erde geworfen wird,[128] wo doch Christus den Satanssturz ebenfalls schon viel früher beobachtet hat. Diese merkwürdige Wiederholung oder Verdoppelung der für das Christusleben charakteristischen Ereignisse lassen die Vermutung aufkommen, daß ein zweiter, endzeitlicher Messias zu erwarten sei. Es kann sich dabei nicht um ein Wiederkommen von Christus selber handeln, denn er würde ja »in den Wolken des Himmels« kommen, nicht aber ein zweites Mal *geboren* werden, und dazu noch aus einer Sonne-Mond-Konjunktion. Der endzeitlichen Epiphanie entspricht vielmehr der Inhalt von Offenbarung 1 oder 19,11ff. Die Tatsache, daß Johannes bei der Geburtsschilderung den Apollo-Leto-Mythus benützt, dürfte ein Fingerzeig sein: Im Gegensatz zur christlichen Tradition handelt es sich bei der Vision um ein Produkt des Unbewußten.[129] Im Unbewußten aber ist alles vorhanden, was im Bewußtsein verworfen wird, und je christlicher das Bewußtsein ist, desto heidnischer gebärdet sich das Unbewußte, wenn nämlich im verworfenen Heidentum noch lebenswichtige Werte stecken, das heißt, wenn das Kind (wie es so häufig geschieht) mit dem Bade ausgeschüttet wurde. Das Unbewußte isoliert und differenziert seine Objekte nicht, wie das Bewußtsein es tut. Es denkt nicht abstrakt oder abgesehen vom Subjekt: Die Person des Ekstatikers und Visionärs ist stets einbezogen und einbegriffen. In diesem Falle ist es Johannes selber, dessen unbewußte Persönlichkeit mit Christus annähernd identifiziert ist, das heißt, er wird ähnlich geboren wie dieser, und zu ähnlicher Bestimmung. Johannes ist vom Archetypus des göttlichen Sohnes ergriffen und sieht daher dessen Wirken im Unbewußten oder, mit anderen

---

[128] Offenbarung 12,9.
[129] Man kann es zwar für wahrscheinlich halten, daß Johannes den Letomythus kannte und dieser ihm daher bewußt war. Unbewußt und unerwartet aber war ihm wohl die Möglichkeit, daß sein Unbewußtes diesen heidnischen Mythus zur Charakterisierung der Geburt des zweiten Messias benützen würde.

Worten, wie Gott im (zum Teil heidnischen) Unbewußten wiederum geboren wird, ununterscheidbar vom Selbst des Johannes, indem das »göttliche Kind« Symbol des einen wie des anderen ist, gleicherweise wie Christus. Das Bewußtsein eines Johannes war allerdings fern davon, Christus als Symbol aufzufassen. Für den gläubigen Christen stellt dieser alles dar, nur kein *Symbol, das heißt Ausdruck für etwas Unerkennbares, beziehungsweise noch nicht Erkennbares.* Und doch ist dem natürlicherweise so. Christus hätte seinen Gläubigen keinen Eindruck gemacht, wenn er nicht zugleich etwas, das in ihrem Unbewußten lebte und am Werke war, ausgedrückt hätte. Das Christentum selber hätte sich in der antiken Welt nicht mit dieser erstaunlichen Schnelligkeit ausgebreitet, wenn seiner Vorstellungswelt nicht eine analoge psychische Bereitschaft entgegengekommen wäre. Diese Tatsache ist es, die auch die Aussage ermöglicht, daß, wer an Christus glaubt, nicht nur in ihm enthalten ist, sondern Christus wohnt dann auch im Gläubigen als der gottebenbildliche, vollkommene Mensch, der Adam secundus. Es handelt sich dabei psychologisch um das gleiche Verhältnis, welches in der indischen Anschauung die Beziehung von Purusha-Atman zum menschlichen Ichbewußtsein darstellt. Es ist die Überordnung des »vollkommen« (teleios), das heißt ganzheitlichen Menschen, der aus der Totalität der Psyche, also aus Bewußtsein und Unbewußtem, besteht, über das Ich, welches nur das Bewußtsein und dessen Inhalte repräsentiert, das Unbewußte aber nicht kennt, obschon es davon in mannigfacher Hinsicht abhängt und sehr oft entscheidend beeinflußt wird. Es ist die Beziehung vom Selbst zum Ich, die sich in der Relation Christus-Mensch widerspiegelt. Daher stammen die unverkennbaren Analogien zwischen gewissen indischen und christlichen Anschauungen, die Anlaß zur Vermutung von indischen Einflüssen auf das Christentum gegeben haben.

Dieser in Johannes bisher latente Parallelismus bricht in Gestalt einer Vision in das Bewußtsein ein. Daß dieser Einbruch authentisch ist, sieht man an der, für einen damaligen Christen höchst unwahrscheinlichen, Benützung heidnischen Mythenmaterials, bei dem sogar astrologische Einflüsse wahrscheinlich sind. Daraus dürfte sich auch die durchaus »heidnische« Bemerkung »und die Erde half dem Weibe«[130] erklären. Wennschon das damalige Bewußtsein ausschließlich von christlichen Vorstellungen erfüllt war, so lagen doch die früheren beziehungsweise zeitgenössischen heidnischen Inhalte gleich unter der Schwelle, wie dies zum Beispiel

---

[130] Offenbarung 12,16.

auch bei Perpetua[131] der Fall war. Bei einem Judenchristen – ein solcher war wohl der Verfasser der ›Apokalypse‹ – kommt als Vorlage noch die kosmische Sophia in Betracht, auf welche Johannes sich einige Male bezieht. Sie könnte unschwer als Mutter des göttlichen Kindes[132] gelten, da sie offenbar ein Weib im Himmel ist, das heißt eine Göttin und Gefährtin eines Gottes. Sophia entspricht dieser Definition, ebenso die erhöhte Maria. Wäre unsere Vision ein moderner Traum, so würde man nicht zögern, die Geburt des göttlichen Kindes als das *Bewußtwerden des Selbst* zu deuten. Im Falle des Johannes hat die Glaubenseinstellung des Bewußtseins eine Rezeption des Christusbildes in das Material des Unbewußten bewirkt, den Archetypus der göttlichen Jungfrau-Mutter und der Geburt ihres Sohn-Geliebten belebt und mit dem christlichen Bewußtsein zur Konfrontation gebracht. Damit wird Johannes persönlich in das göttliche Geschehen einbezogen.

Sein von negativen Gefühlen getrübtes Christusbild ist allerdings zu dem eines grausamen Rächers geworden, der eigentlich mit einem Erlöser gar nichts mehr zu tun hat. Man ist nicht allzu sicher, ob nicht am Ende diese Christusgestalt mehr vom Menschen Johannes mit dessen kompensierendem Schatten an sich hat als vom göttlichen Erlöser, der als »lumen de lumine« keine Finsternis in sich enthält. Schon die groteske Paradoxie des »zornigen« Lammes hätte uns auf diesen Verdacht bringen können. Man kann es drehen und wenden wie man will, im Lichte des Evangeliums der Liebe gesehen ist und bleibt der Rächer und Richter eine *finstere Gestalt*. Man darf auch vermuten, daß hierin der Grund liegt, der Johannes mag bewogen haben, den neugeborenen Knaben an die Rächergestalt zu assimilieren und damit dessen mythologischen Charakter als den eines lieblichen und liebenswerten Götterjünglings, wie er uns in der Gestalt eines Tammuz, Adonis oder Balder entgegentritt, zu verwischen. Die bezaubernde frühlingshafte Schönheit des göttlichen Knaben stellt eben einen jener antiken Werte dar, welche das Christentum und insbesondere die düstere Welt des Apokalyptikers so sehr vermissen lassen, den unbeschreiblichen Morgenglanz eines Frühlingstages, der nach des Winters Totenstarre die Erde grünen und blühen und des Menschen Herz froh sein und an einen liebenden gütigen Gott glauben läßt.

Als Ganzheit ist das Selbst per definitionem immer eine complexio oppositorum, und seine Erscheinungsweise ist um so dunkler

---

[131] Vgl. Marie-Louise von Franz: Die Passio perpetuae, in: Jung: Aion, 1951, S. 387 ff.
[132] Der Sohn würde dann dem filius sapientiae der mittelalterlichen Alchemie entsprechen.

und drohender, je mehr das Bewußtsein sich Lichtnatur vindiziert und daher auf moralische Autorität Anspruch erhebt. Man darf bei Johannes derartiges annehmen, denn er war ein Hirt seiner Herde und obendrein auch ein Mensch und darum fehlbar. Wäre die Apokalypse eine sozusagen persönliche Angelegenheit des Johannes, und daher nichts als ein Ausbruch persönlichen Ressentiments, so hätte die Gestalt des zornigen Lammes diesem vollends Genüge getan. Rebus sic stantibus hätte der neugeborene Knabe einen wahrnehmbar positiven Aspekt haben müssen, denn er hätte, seiner ganzen symbolischen Natur nach, die unleidliche Verwüstung, welche der Ausbruch zurückgedrängter Leidenschaften angerichtet hatte, kompensiert; war er doch das Kind der coniunctio oppositorum, der sonnerfüllten Tag- und der lunaren Nachtwelt. Er hätte als Mediator zwischen dem liebevollen und dem rachsüchtigen Johannes vermittelt und wäre damit ein wohltätig ausgleichender Erlöser gewesen. Dieser positive Aspekt muß Johannes aber entgangen sein, sonst hätte er das Kind nicht als mit dem rächenden Christus auf *einer* Linie stehend auffassen können.

Das Problem des Johannes ist aber kein persönliches. Es handelt sich nicht um sein persönliches Unbewußtes und um einen launenhaften Ausbruch, sondern um Gesichte, die einer größeren und umfassenderen Tiefe entsteigen, nämlich dem kollektiven Unbewußten. Die Problematik des Johannes drückt sich zu viel in kollektiven und archetypischen Formen aus, als daß es erlaubt wäre, sie auf eine bloß persönliche Situation zu reduzieren. Das wäre nicht nur zu billig, sondern auch praktisch wie theoretisch unrichtig. Johannes war als Christ ergriffen von einem kollektiven, archetypischen Geschehen und muß daher vor allem und in erster Linie aus diesem erklärt werden. Gewiß hatte er auch seine persönliche Psychologie, in die wir, wenn wir den Verfasser der Briefe und den Apokalyptiker für eine und dieselbe Person halten dürfen, sogar einigen Einblick haben. Daß die Imitatio Christi im Unbewußten einen entsprechenden Schatten erzeugt, dafür haben wir genügend Beweise. Die Tatsache, daß Johannes überhaupt Visionen hatte, ist schon ein Beweis für eine ungewöhnliche Gegensatzspannung zwischen dem Bewußtsein und dem Unbewußten. Wenn er identisch ist mit dem Verfasser der Briefe, so muß er bei der Abfassung der Apokalypse schon in höchstem Alter gestanden haben. In confinio mortis und am Abend eines langen, inhaltsreichen Lebens eröffnet sich der Blick oft in ungeahnte Fernen. Ein solcher Mann lebt nicht mehr in den Interessen des Alltags und den Peripetien persönlicher Beziehungen, sondern in der Schau über weite Zeiträume und in der säkularen Bewegung der Ideen. Das Auge des Johannes dringt in die ferne Zukunft des christlichen

Äons und in die dunkle Tiefe jener Mächte, denen sein Christentum die Waage hält. Was in ihm aufbricht, ist der Sturm der Zeiten, die Ahnung einer ungeheuerlichen Enantiodromie, die er nicht anders verstehen kann, denn als eine endgültige Vernichtung jener Finsternis, die das Licht, das in Christus erschienen war, nicht begriffen hatte. Er sah aber nicht, daß die Macht der Zerstörung und Rache eben gerade jene Finsternis ist, von welcher sich der menschgewordene Gott abgespalten hatte. Er konnte darum auch nicht verstehen, was jenes Sonne-Mond-Kind bedeutete, welches er nur als eine weitere Rachefigur zu begreifen vermochte. Die Leidenschaft, die in seiner Offenbarung durchbricht, läßt nichts ahnen von der Mattigkeit oder Abgeklärtheit des hohen Alters, denn sie ist unendlich viel mehr als persönliches Ressentiment; sie ist der Geist Gottes selber, der durch die schwache sterbliche Hülle dringt und wiederum die *Furcht* der Menschen vor der unabsehbaren Gottheit fordert.

14.

Der Strom negativer Gefühle scheint unerschöpflich zu sein, und die schlimmen Ereignisse nehmen ihren Fortgang. Aus dem Meere kommen »gehörnte« (mit Macht begabte) Ungeheuer als weitere Ausgeburten der Tiefe. Dieser Übermacht von Finsternis und Zerstörung gegenüber wird es begreiflich, wenn das verängstigte menschliche Bewußtsein nach einem Berge der Rettung, einem Punkte der Ruhe und Sicherheit Ausschau hält. Johannes flicht daher passenderweise eine Vision des Lammes auf dem Berge Zion ein (Kapitel 14), wo die 144 000 Erwählten und Geretteten um das Lamm versammelt sind.[133] Es sind parthenoi, die Jungfräulichen, »die sich mit Frauen nicht befleckt haben«.[134] Es sind die, welche, in der Nachfolge des frühsterbenden Gottessohnes, nie zu ganzen Menschen geworden sind, sondern der Teilnahme am menschlichen Schicksal freiwillig entsagt und damit zur Fortsetzung der Existenz auf der Erde nein gesagt haben.[135] Könnten sich alle zu diesem Standpunkt bekehren, so wäre die Kreatur Mensch in we-

---

[133] Vielleicht bezeichnenderweise ist hier von der 7,9 erwähnten »großen Menge, die niemand zählen konnte, aus allen Nationen und Stämmen und Völkern und Sprachen, die vor dem Thron und vor dem Lamm stand«, nicht mehr die Rede.
[134] Offenbarung 14,4.
[135] Sie gehören eigentlich in den Kult der Großen Mutter, indem sie den entmannten Galloi derselben entsprechen. Vgl. dazu die seltsame Stelle Matthäus 19,12, wo von Eunuchen die Rede ist, die sich »um des Reiches der Himmel willen« selber kastriert haben, wie die Kybelepriester, die in der Nachfolge ihres Sohngottes Attis sich selbst zu entmannen pflegten.

nigen Jahrzehnten ausgerottet. Der Vorausbestimmten sind aber relativ wenige. Johannes glaubt an die Prädestination in Übereinstimmung mit höherer Autorität. Das ist ungeschminkter Pessimismus.

> ... denn alles was entsteht,
> Ist wert, daß es zugrunde geht;

sagt Mephisto.

Die nur einigermaßen tröstliche Aussicht wird sofort wieder von den warnenden Engeln unterbrochen. Der erste verkündet ein Ewiges Evangelium, dessen Quintessenz lautet: »Fürchtet Gott!« Von der Liebe Gottes ist nicht mehr die Rede. Gefürchtet wird nur das *Furchtbare*.[136]

Der Menschensohn hält in den Händen eine scharfe Sichel und hat einen Helfer, der ebenfalls eine Sichel handhabt.[137] Die Weinernte aber besteht in einem Blutbad sondergleichen: »... es floß Blut aus der Kelter [in welcher die Menschen eingestampft werden] bis an die Zügel der Pferde, sechzehnhundert Stadien weit.«[138]

Aus dem himmlischen Tempel treten die sieben Engel mit den Zornschalen, die sie nunmehr über die Welt ausschütten.[139] Das Hauptstück bildet die Vernichtung der großen Buhlerin Babylon, des Gegenstückes zur himmlischen Jerusalem. Babylon bildet die chthonische Entsprechung zum Sonnenweibe Sophia, allerdings mit Umkehrung des moralischen Vorzeichens. Wenn sich die Erwählten zu Ehren der großen Mutter Sophia in »Jungfrauen« verwandeln, so wird im Unbewußten zur Kompensation eine greuliche Unzuchtsphantasie erzeugt. Die Vernichtung der Babylon bedeutet daher nicht nur die Ausrottung der Unzucht, sondern die Aufhebung der Lebenslust überhaupt, wie aus ›Offenbarung‹ 18,22 f. zu ersehen ist: »Und ein Ton von Harfenspielern und Musikern und Flötenspielern und Trompetenbläsern wird nicht mehr in dir gehört werden, und kein Künstler in irgendeiner Kunst wird mehr in dir gefunden werden.. und das Licht der Lampe wird nicht mehr in dir scheinen, und die Stimme des Bräutigams ... wird nicht mehr in dir vernommen werden.«

Da wir gegenwärtig in der Endzeit des christlichen Äons der

---

[136] Vgl. dazu auch Offenbarung 19,5.
[137] Offenbarung 14,14 und 17. In dieser Parallelfigur könnte leicht Johannes selbst vermutet werden.
[138] Offenbarung 14,20.
[139] Offenbarung 15,6–7 und 16,1 ff.

Fische leben, so kann man nicht umhin, des Verhängnisses, das unsere moderne Kunst erreicht hat, zu gedenken.

Symbole wie Jerusalem, Babylon usw. sind natürlich stets überdeterminiert, das heißt, sie haben mehrere Bedeutungsaspekte und können daher nach verschiedenen Richtungen gedeutet werden. Ich beschränke mich auf den psychologischen Aspekt. Die möglichen Beziehungen zur damaligen Zeitgeschichte will ich nicht beurteilen.

Der Untergang aller Schönheit und Lebensfreude, das unvorstellbare Leid der ganzen Kreatur, die einstmals aus der Hand eines verschwenderischen Schöpfers hervorgegangen war, gäbe wohl einem fühlenden Herzen Anlaß zu tiefster Melancholie. Johannes aber schreibt: »Frohlocke über sie, du Himmel und ihr Heiligen und ihr Apostel und ihr Propheten! denn Gott hat euch an ihr [der Babylon] gerächt«,[140] woraus zu ersehen ist, wie weit die Rachsucht und Zerstörungslust geht, und was der »Pfahl im Fleische« ist.

Christus als der Heerführer der Engel ist es, der »die Kelter des Zornweins des Grimmes des allmächtigen Gottes«[141] tritt. Sein Gewand ist »in Blut getaucht«.[142] Er reitet auf einem *weißen Pferde*,[143] und mit dem Schwerte, das aus seinem Munde geht, tötet er das Tier und mit ihm den »falschen Propheten«, vermutlich seine oder des Johannes dunkle Widerspiegelung oder Entsprechung, das heißt also den *Schatten*. Der Satan wird in die Unterwelt eingeschlossen auf tausend Jahre, und *ebensolange wird Christus herrschen*. »Nachher muß er [Satan] auf kurze Zeit losgelassen werden.«[144] Die tausend Jahre entsprechen astrologisch der ersten Hälfte des Fischäons. Die Freilassung des Satan nach dieser Zeit, wofür man sich wirklich keinen anderen Grund ersinnen könnte, entspricht der Enantiodromie des christlichen Äons, das heißt dem Antichristus, dessen Kommen aus astrologischen Gründen vorausgesagt werden konnte. Nach Ablauf einer nicht näher angegebenen Frist wird der Teufel schließlich auf ewig in den Feuersee geworfen (aber nicht völlig vernichtet, wie bei Henoch), und die ganze ursprüngliche Schöpfung verschwindet.[145]

Nun kann der angekündigte Hierosgamos, die Hochzeit des

---

[140] Offenbarung 18,20.
[141] Offenbarung 19,15.
[142] Offenbarung 19,13.
[143] Offenbarung 19,11. Hier könnte ebenfalls astrologische Spekulation über die zweite Hälfte des christlichen Äons in Frage kommen, nämlich Pegasus als Paranatellon des Aquarius.
[144] Offenbarung 20,3.
[145] Offenbarung 20,10 und 21,1.

Lammes mit »seinem Weibe«,[146] stattfinden. Die Braut ist das vom Himmel herabkommende neue Jerusalem.[147] »Ihre Leuchte ist gleich dem kostbarsten Edelstein, wie ein kristallheller Jaspis.«[148] Die Stadt bildet ein gleichseitiges Viereck und besteht aus Goldglas, ebenso ihre Straße. Gott selber und das Lamm sind der Tempel in ihr und die Quelle unaufhörlichen Lichtes. Es gibt keine Nacht mehr, und Unreines kann nicht in die Stadt eindringen.[149] (Diese nochmalige Versicherung beschwichtigt einen noch immer nicht ganz zur Ruhe gekommenen Zweifel!) Vom Throne der Gottheit fließt die Quelle des Lebenswassers, und dabei stehen die Lebensbäume, womit auf das Paradies und die pleromatische Präexistenz hingewiesen ist.[150]

Diese Schlußvision, die, wie bekannt, auf das Verhältnis der Kirche zu Christus gedeutet wird, hat die Bedeutung eines »vereinigenden Symbols« und stellt darum Vollkommenheit und Ganzheit dar; daher die Quaternität, die sich in der Stadt als Quadratur, beim Paradies in den vier Strömen, bei Christus in den vier Evangelisten und bei Gott in den vier Lebewesen ausdrückt. Während der Kreis die Rundung des Himmels und das allumfassende Wesen der (pneumatischen) Gottheit bedeutet, bezieht sich das Quadrat auf die Erde.[151] Der Himmel ist männlich, die Erde aber weiblich. Daher thront Gott im Himmel, die Weisheit aber auf der Erde, wie sie bei Jesus Sirach sagt: »In der Stadt, die er liebt wie mich, ließ ich mich nieder, und in Jerusalem übte ich meine Macht aus.« Sie ist die »Mutter der edeln Liebe«,[152] und wenn Johannes Jerusalem als die Braut darstellt, so lehnt er sich wohl an Jesus Sirach an. Die Stadt ist die Sophia, die vor aller Zeit schon bei Gott war und in der Endzeit durch die heilige Hochzeit Gott wieder verbunden wird. Sophia koinzidiert als das Weibliche mit der Erde, von der, wie ein Kirchenvater sagt, Christus entsprungen ist,[153] daher mit der Quaternität der Gotteserscheinung bei Ezechiel,

---

[146] Offenbarung 19,7.
[147] Offenbarung 21,2.
[148] Offenbarung 21,11.
[149] Offenbarung 21,16–27.
[150] Offenbarung 22,1–2.
[151] In China ist Himmel = rund und Erde = viereckig.
[152] Jesus Sirach 24,11 und 18.
[153] Tertullian: Adversus Iudaeos, XIII in: Migne: Patr. lat. II, col. 635: »... illa terra virgo nondum pluviis rigata, nec imbribus foecundata, ex qua homo tunc plurimum plasmatus est, ex qua nunc Christus secundum carnem ex virgine natus est.« (... jene jungfräuliche, noch nicht vom Regen benetzte und von Fluten befruchtete Erde, aus der der Mensch vor allem geformt wurde und aus der nun Christus, geboren von einer Jungfrau, Fleisch geworden ist.) Vgl. Psychologie und Religion, GW 11, § 107, ferner Psychologische Typen, GW 6, § 443.

nämlich den vier lebendigen Wesen. Ähnlich wie die Sophia die Selbstreflexion Gottes bedeutet, so stellen die vier Seraphim das Bewußtsein Gottes mit seinen vier funktionellen Aspekten dar. Darauf weisen auch die vielen wahrnehmenden Augen,[154] welche in den Vier zusammengefaßt sind. Es handelt sich um eine vierteilige Synthese der unbewußten Luminositäten, entsprechend der Tetramerie des lapis philosophorum, an welchen die Schilderung der himmlischen Stadt erinnert: Alles funkelt von Edelstein, Kristall und Glas, ganz entsprechend der oben erwähnten Gottesvision. Wie der Hierosgamos Jahwe und Sophia (in der Kabbala = Schechinah) vereinigt und damit den pleromatischen Anfangszustand wiederherstellt, so weist auch die parallele Schilderung von Gott und Stadt auf ihre gemeinsame Natur hin: Sie sind ursprünglich eines; ein hermaphroditisches Urwesen, ein Archetypus von größter Universalität.

Zweifellos soll dieses Ende eine endgültige Lösung des furchtbaren Konfliktes der Existenz überhaupt bedeuten. Die Lösung besteht aber nicht in der Versöhnung der Gegensätze, sondern in deren endgültiger Auseinanderreißung, wobei die Menschen, die dazu bestimmt sind, sich dadurch retten können, daß sie sich mit der lichten pneumatischen Seite Gottes identifizieren. Eine unerläßliche Bedingung scheint die Verweigerung der Fortpflanzung und des Geschlechtslebens überhaupt zu sein.

15.

Die Apokalypse ist einerseits so persönlich und andererseits so archetypisch und kollektiv, daß man wohl beide Aspekte in Betracht ziehen muß. Das moderne Interesse würde sich gewiß zunächst der Person des Johannes zuwenden. Wie bereits angedeutet, ist es nicht unmöglich, daß Johannes, der Verfasser der Briefe, mit dem Apokalyptiker identisch ist. Der psychologische Befund spricht zugunsten dieser Annahme. Die »Offenbarung« wurde von einem frühen Christen erlebt, der vermutlich als Autorität ein vorbildliches Leben führen und einer Gemeinde die christlichen Tugenden des richtigen Glaubens, der Demut, Geduld, Hingebung, der selbstlosen Liebe und der Entsagung aller Weltlüste demonstrieren mußte. Das kann auf die Dauer auch dem Besten zuviel werden. Reizbarkeit, üble Launen und Affektausbrüche stellen die klassischen Symptome der chronischen Tugendhaftig-

---

[154] Ezechiel 1,18.

keit dar.[155] In bezug auf seine christliche Einstellung erleuchten uns wohl am besten seine eigenen Worte: »Geliebte, lasset uns einander lieben, denn die Liebe ist aus Gott, und jeder, der liebt, ist aus Gott gezeugt und erkennt Gott. Wer nicht liebt, hat Gott nicht erkannt; denn Gott ist Liebe... Darin besteht die Liebe, nicht daß *wir* Gott geliebt haben, sondern daß er *uns* geliebt und seinen Sohn als Sühnopfer für unsre Sünden gesandt hat. Geliebte, wenn Gott uns so geliebt hat, sind auch wir verpflichtet, einander zu lieben... Und wir haben erkannt und geglaubt die Liebe, die Gott zu uns hat. Gott ist Liebe, und wer in der Liebe bleibt, der bleibt in Gott, und Gott bleibt in ihm... Furcht ist nicht in der Liebe... wer sich aber fürchtet, ist nicht zur Vollkommenheit in der Liebe gelangt... Wenn jemand sagt: Ich liebe Gott, und (doch) seinen Bruder haßt, ist er ein Lügner... Und dieses Gebot haben wir von ihm, daß, wer Gott liebt, auch seinen Bruder lieben soll.«[156]

Wer aber haßt die Nikolaiten? Wer ist rachsüchtig und will die Isebel sogar aufs Siechbett werfen und ihre Kinder des Todes sterben lassen? Wer kann sich nicht genugtun an blutrünstigen Phantasien? Seien wir aber psychologisch genau: Es ist nicht das Bewußtsein des Johannes, das solche Phantasien ersinnt, sondern sie stoßen ihm in gewalttätiger »Offenbarung« zu; sie überfallen ihn mit ungewollter und unerwarteter Vehemenz und mit einer Intensität, welche, wie bereits angedeutet, alles überschreitet, was wir als Kompensation einer etwas einseitigen Bewußtseinseinstellung normalerweise erwarten könnten.

Ich habe viele kompensierende Träume gläubiger Christen gesehen, die sich über ihre wirkliche seelische Beschaffenheit täuschten und sich in einer anderen Verfassung wähnten, als es der Wirklichkeit entsprach. Aber ich habe nichts gesehen, das auch nur im entferntesten mit der brutalen Gegensätzlichkeit der Johanneischen Offenbarung verglichen werden könnte. Es sei denn, daß es sich um eine schwere Psychose handelte. Zu einer derartigen Diagnose gibt aber Johannes keinen Anlaß. Dazu ist die Apokalypse nicht verworren genug, zu konsequent, nicht subjektiv und skurril genug. Ihre Affekte sind, in Ansehung ihres Gegenstandes, adäquat. Ihr Verfasser braucht kein unbalancierter Psychopath zu sein. Es genügt, daß er ein leidenschaftlich religiöser Mensch mit einer im übrigen geordneten Psyche ist. Er muß aber ein intensives Verhältnis zu Gott haben, das ihn für einen alles Persönliche weit

---

[155] Christus gab dem Apostel Johannes nicht mit Unrecht den Zunamen: »Sohn des Donners«.
[156] 1. Johannes 4,7–21. Zum folgenden Abschnitt vgl. Offenbarung 2,6 und 2,20ff.

überschreitenden Einbruch offenlegt. Der wirklich religiöse Mensch, dem zugleich die Möglichkeit einer ungewöhnlichen Bewußtseinsausweitung in die Wiege gelegt ist, muß solche Gefahren gewärtigen.

Der Zweck der apokalyptischen Visionen besteht ja nicht darin, den gewöhnlichen Menschen Johannes wissen zu lassen, wie viel Schatten er unter seiner Lichtnatur birgt, sondern dem Seher den Blick für die Unermeßlichkeit Gottes aufzutun, denn wer liebt, wird Gott erkennen. Man kann sagen, eben weil Johannes Gott liebte und sein möglichstes tat, auch seine Mitmenschen zu lieben, sei ihm die »Gnosis«, die Gotteserkenntnis, zugestoßen, und er hat, wie Hiob, die wilde Furchtbarkeit Jahwes geschaut, darum sein Evangelium der Liebe als einseitig erlebt und durch das der Furcht ergänzt: *Gott kann geliebt und muß gefürchtet werden.*

Damit weitet sich das Gesichtsfeld des Sehers weit über die erste Hälfte des christlichen Äons hinaus: Er ahnt, daß nach tausend Jahren der antichristliche Zeitabschnitt beginnen wird, ein deutliches Anzeichen dafür, daß Christus nicht unbedingter Sieger ist. Johannes antizipiert die Alchemisten und Jacob Böhme; er fühlt vielleicht seine persönliche Implikation im göttlichen Drama, indem er die Möglichkeit der Gottesgeburt im Menschen, welche die Alchemisten, Meister Eckhart und Angelus Silesius ahnten, vorwegnahm. Er umriß damit das Programm des gesamten Fisch-Äons mit dessen dramatischer Enantiodromie und dessen dunklem Ende, das wir noch nicht erlebt haben, und vor dessen wahrhaft und unübertrieben apokalyptischen Möglichkeiten die Menschheit schaudert. Die vier unheimlichen Reiter, die drohenden Posaunenstöße und die auszuschüttenden Zornschalen warten schon oder noch: Die Atombombe hängt über uns wie ein Damoklesschwert, und dahinter lauern die unvergleichlich furchtbareren Möglichkeiten des chemischen Luftkrieges, der selbst die Greuel der Apokalypse in den Schatten stellen könnte. »Luciferi vires accendit Aquarius acres« (Aquarius entzündet die wilden Kräfte Lucifers). Wer möchte im Ernst behaupten, daß Johannes wenigstens die Möglichkeiten, die in der Endzeit des christlichen Äons unsere Welt unmittelbar bedrohen, nicht richtig vorausgesehen habe? Er weiß auch, daß im göttlichen Pleroma das Feuer, in welchem der Teufel gepeinigt wird, auf ewig besteht. Gott hat einen furchtbaren Doppelaspekt: Ein Meer der Gnade stößt an einen glühenden Feuersee, und das Licht der Liebe überstrahlt eine dunkle Glut, von der es heißt: »Ardet non lucet« (sie brennt, aber sie leuchtet nicht). Das ist das ewige Evangelium (im Gegensatz zum zeitlichen): *Man kann Gott lieben und muß ihn fürchten.*

16.

Die Apokalypse, die mit Recht am Ende des Neuen Testamentes steht, greift über dieses hinaus in eine Zukunft, die mit allen apokalyptischen Schrecken in greifbarer Nähe steht. Der Entschluß eines unbesonnenen Momentes in einem herostratischen Kopfe[157] kann genügen, um die Weltkatastrophe auszulösen. Der Faden, an dem unser Schicksal hängt, ist dünn geworden. Nicht die Natur, sondern der »Genius der Menschheit« hat sich den fatalen Strick geknüpft, mit dem er sich jederzeit exekutieren kann. Es ist dies nur eine andere »façon de parler«, als wenn Johannes vom »Zorn Gottes« spricht.

Leider haben wir kein Mittel, uns zu vergegenwärtigen, wie sich Johannes – falls er, wie ich vermute, mit dem Verfasser der Briefe identisch ist – mit dem Doppelaspekt Gottes auseinandergesetzt haben würde. Es ist wohl ebensogut möglich, ja sogar wahrscheinlich, daß ihm kein Gegensatz auffiel. Es ist überhaupt erstaunlich, wie wenig man sich mit numinosen Gegenständen auseinandersetzt, und wie mühsam die Auseinandersetzung ist, wenn man sich einmal daran wagt. Die Numinosität des Gegenstandes erschwert dessen denkerische Behandlung, indem die Affektivität immer mit in Frage kommt. Man ist pro et contra beteiligt, und »absolute Objektivität« ist hier noch seltener zu erreichen als anderswo. Hat man positive religiöse Überzeugungen, das heißt, »glaubt« man, so empfindet man den Zweifel als sehr unangenehm und fürchtet ihn auch. Aus diesem Grunde analysiert man den Gegenstand des Glaubens lieber nicht. Hat man keine religiösen Anschauungen, so gibt man sich das Gefühl des Defizites nicht gerne zu, sondern pocht vernehmlich auf seine Aufgeklärtheit oder deutet wenigstens den edlen Freimut seines Agnostizismus an. Von diesem Standpunkt aus kann man die Numinosität des religiösen Gegenstandes kaum zugeben und läßt sich von ihr nicht weniger am kritischen Denken verhindern, denn es könnte unangenehmerweise die Möglichkeit eintreten, daß man im Glauben an die Aufklärung oder an den Agnostizismus erschüttert würde. Beide fühlen ja, ohne es zu wissen, das Ungenügende ihres Argumentes. Die Aufklärung operiert mit einem inadäquaten rationalistischen Wahrheitsbegriff und weist zum Beispiel darauf hin, daß Behauptungen wie Jungfrauengeburt, Gottessohnschaft, Totenauferstehung, Transsubstantiation usw. Unsinn seien. Der Agnostizismus behauptet, keine Gottes- noch irgendwelche andere metaphysische Erkenntnis zu besitzen

---

[157] Herostrates zerstörte im Jahre 365 v. Chr. den Tempel der Artemis in Ephesus, um seinen Namen zu verewigen.

und übersieht, daß man eine metaphysische Überzeugung niemals *besitzt*, sondern daß man *von ihr besessen* ist. Beide sind von der Vernunft besessen, welche den indiskutablen supremen Arbiter darstellt. Wer aber ist die »Vernunft«? Warum soll sie suprem sein? Bedeutet nicht das, *was ist und west*, eine dem vernünftigen Urteil überlegene Instanz, wofür die Geistesgeschichte ja so viele Beispiele aufweist? Unglücklicherweise operieren auch die Verteidiger des »Glaubens« mit den gleichen futilen Argumenten, nur in umgekehrter Richtung. Unzweifelhaft ist nur die Tatsache, daß es metaphysische Aussagen gibt, welche eben um ihrer Numinosität willen affektvoll behauptet und bestritten werden. Diese Tatsache bildet die sichere empirische Grundlage, von der man auszugehen hat. Sie ist objektiv real als psychisches Phänomen. In dieser Konstatierung sind natürlich schlechthin alle, auch die widerstreitendsten Behauptungen, die jemals numinos waren oder es noch sind, einbegriffen. Man wird die Gesamtheit *aller* religiösen Aussagen zu berücksichtigen haben.

17.

Kehren wir wieder zurück zu der Frage der Auseinandersetzung mit dem durch den Inhalt der Apokalypse bloßgelegten paradoxen Gottesbegriff! Das strikt evangelische Christentum braucht sich nicht damit auseinanderzusetzen, denn es hat ja als wesentlichen Lehrinhalt einen Gottesbegriff gebracht, der, im Gegensatz zu Jahwe, mit dem Inbegriff des Guten koinzidiert. Ein anderes wäre es allerdings gewesen, wenn der Johannes der Briefe mit dem der Offenbarung sich hätte auseinandersetzen können oder müssen. Für die Späteren konnte der dunkle Inhalt der Apokalypse in dieser Beziehung leicht außer Betracht fallen, denn die spezifisch christliche Errungenschaft durfte nicht leichtsinnig gefährdet werden. Für den Menschen der Gegenwart liegt der Fall allerdings anders. Wir haben Dinge erlebt, so unerhört und erschütternd, daß die Frage, ob sich solches mit der Idee eines gütigen Gottes noch irgendwie vereinen lasse, brennend wurde. Es handelt sich dabei nicht mehr um ein theologisch-fachwissenschaftliches Problem, sondern um einen allgemein-menschlichen, religiösen Alptraum, zu dessen Behandlung auch ein theologischer Laie, der ich bin, ein Wort beitragen kann oder vielleicht auch muß.

Ich habe im obigen dargelegt, zu was für unvermeidlichen Schlüssen man, wie mir scheint, gelangen muß, wenn man die Tradition mit kritischem common sense betrachtet. Wenn man nun solchermaßen mit einem paradoxen Gottesbegriff konfrontiert ist, und zugleich als religiöser Mensch die ganze Tragweite des Problems ermißt, so befindet man sich in der Situation des Apokalyptikers, von dem wir voraussetzen dürfen, daß er ein überzeugter Christ war. Seine mögliche Identität mit dem Johannes der Briefe enthüllt die ganze Schärfe des Widerspruchs: In welchem Verhältnis steht dieser Mensch zu Gott? Wie erträgt er den unerträglichen Widerspruch im Wesen der Gottheit? Obschon wir nichts von seiner Bewußtseinsentscheidung wissen, so glauben wir doch in der Vision des gebärenden Sonnenweibes einen Anhaltspunkt zu finden.

Die Paradoxie Gottes zerreißt auch den Menschen in Gegensätze und liefert ihn einem anscheinend unlösbaren Konflikt aus. Was geschieht nun in einem derartigen Zustand? Hier müssen wir der Psychologie das Wort lassen, denn sie stellt die Summe aller Beobachtungen und Erkenntnisse dar, welche sie aus der Empirie schwerer Konfliktzustände gesammelt hat. Es gibt zum Beispiel Pflichtenkollisionen, von denen niemand weiß, wie sie zu lösen wären. Das Bewußtsein weiß nur: »tertium non datur«! Der Arzt rät darum seinen Patienten, abzuwarten, ob nicht das Unbewußte einen Traum erzeugt, welcher ein irrationales und deshalb unvorhergesehenes und unerwartetes Drittes zur Lösung vorschlägt. Wie die Erfahrung zeigt, tauchen in den Träumen tatsächlich *Symbole vereinigender Natur* auf, worunter das Motiv des Heldenkindes und der Quadratur des Zirkels, das heißt die Vereinigung der Gegensätze, zu den häufigsten gehören. Wem die spezifisch ärztlichen Erfahrungen nicht zugänglich sind, der kann sich seinen Anschauungsunterricht aus den Märchen und in besonderem Maße aus der Alchemie holen. Der eigentliche Gegenstand der hermetischen Philosophie ist ja die coniunctio oppositorum. Sie bezeichnet ihr »Kind« einerseits als Stein (zum Beispiel als Karfunkel), andererseits als homunculus – oder als filius sapientiae oder gar als homo altus. Eben dieser Gestalt begegnen wir in der Apokalypse als dem Sohne der Sonnenfrau, dessen Geburtsgeschichte eine Paraphrase der Christusgeburt darstellt; eine Paraphrase, die von den Alchemisten in abgewandelter Form oftmals wiederholt wurde; setzen sie doch ihren »Stein« als mit Christus parallel (dies, bis auf eine Ausnahme, ohne Beziehung auf die Apokalypse). Wiederum ohne Zusammenhang mit der Alchemie tritt in den Träumen der modernen Menschen dieses Motiv in entsprechender Form und in den entsprechenden Situationen auf, und immer handelt es sich dabei um die Zusammensetzung des Hellen und des Dunkeln, wie wenn sie so gut wie die Alchemisten ahnten, was für ein Problem durch die Apokalypse der Zukunft gestellt wurde. Diese Frage ist es, um welche sich die Alchemisten während beinahe tausendsiebenhundert Jahren gemüht haben, und es ist dieselbe Frage, die auch den heutigen Menschen bedrückt. Er weiß zwar in der einen Hinsicht mehr, aber in der anderen weniger als die Alchemisten. Das Problem ist für ihn nicht mehr auf den Stoff verschoben wie für erstere. Dagegen ist es ihm psychologisch akut geworden, und deshalb hat in dieser Angelegenheit der psychologische Arzt das Wort, mehr als der Theologe, der seiner altertümlichen, figürlichen Sprache verhaftet geblieben ist. Der Arzt ist durch die Probleme der Neurosentherapie, oft sehr gegen seinen eigenen Willen, gezwungen worden, das religiöse Problem sich genauer anzusehen. Ich selber bin nicht ohne Grund 76 Jahre alt geworden, bis ich mich daran gewagt habe, mir wirkliche Rechenschaft über die Natur jener »Obervorstellungen« abzulegen, welche unser, für das praktische Leben so unendlich wichtiges, ethisches Verhalten entscheiden. Sie sind in letzter Linie die Prinzipien, die laut oder leise die moralischen Entscheidungen, von denen das Wohl und Wehe unserer Existenz abhängt, determinieren. Alle diese Dominanten gipfeln im positiven oder negativen Gottesbegriff.[158]

Seit Johannes, der Apokalyptiker, erstmals (vielleicht unbewußt) jenen Konflikt, in den das Christentum direkt hineinführt, erfahren hat, ist die Menschheit mit diesem belastet: *Gott wollte und will Mensch werden.* Darum wohl hat Johannes in der Vision eine zweite Sohnesgeburt aus der Mutter Sophia, die durch eine coniunctio oppositorum gekennzeichnet ist, erlebt, eine Gottesgeburt, die den filius sapientiae, den Inbegriff eines *Individuationsprozesses* vorwegnimmt. Das ist die Wirkung des Christentums in einem Christen der Urzeit, der lange und entschieden genug gelebt hatte, um einen Blick in die ferne Zukunft tun zu können. Die Vermittlung der Gegensätze ist schon im Symbolismus des Christusschicksals angedeutet, nämlich in der Kreuzigungsszene, wo der Mittler zwischen den Schächern hängt, von denen der eine ins Paradies, der andere in die Hölle fährt. Wie nicht anders möglich, mußte der Gegensatz in der christlichen Schau zwischen Gott und Mensch liegen, und letzterer lief Gefahr, mit der dunkeln Seite identifiziert zu werden. Dies und die prädestinatianischen Andeutungen des Herrn haben Johannes stark beeinflußt: Nur wenige seit Ewigkeit Vorbestimmte werden gerettet, während die große Masse der Menschheit in der Endkatastrophe untergeht. Der Ge-

---

[158] Psychologisch fällt unter den Gottesbegriff jede Idee von etwas Letzthinnigem, Erstem oder Letztem, Oberstem oder Unterstem. Der jeweilige Name tut nichts zur Sache.

gensatz zwischen Gott und Mensch in der christlichen Auffassung dürfte eine jahwistische Erbschaft aus jener Frühzeit sein, in der das metaphysische Problem ausschließlich im Verhältnis Jahwes zu seinem Volke bestand. Die Furcht vor Jahwe war noch zu groß, als daß man es – trotz der Gnosis Hiobs – gewagt hätte, die Antinomie in die Gottheit selber zu verlegen. Wenn man aber den Gegensatz zwischen Gott und Mensch beläßt, so gelangt man schließlich – nolens volens – zum christlichen Schluß: »Omne bonum a Deo, omne malum ab homine«, womit die Kreatur absurderweise in Gegensatz zu ihrem Schöpfer gestellt und dem Menschen eine geradezu kosmische oder dämonische Größe im Bösen imputiert wird. Der furchtbare Zerstörungswille, der in der Ekstase des Johannes aufbricht, gibt eine Idee davon, was es bedeutet, wenn man den Menschen zu dem Gott des Guten in Gegensatz stellt: Man belastet ihn mit der dunkeln Gottesseite, die bei Hiob noch an der richtigen Stelle ist. In beiden Fällen aber wird der Mensch mit dem Bösen identifiziert, das eine Mal mit der Wirkung, daß er sich gegen das Gute stellt, das andere Mal, daß er sich so vollkommen zu sein bestrebt wie sein Vater im Himmel.

Der Entschluß Jahwes, Mensch zu werden, ist ein Symbol für jene Entwicklung, die einsetzen muß, wenn es dem Menschen bewußt wird, mit was für einem Gottesbild er konfrontiert ist.[159] Der Gott wirkt aus dem Unbewußten des Menschen und zwingt diesen dazu, die beständigen gegensätzlichen Einflüsse, denen sein Bewußtsein von Seiten des Unbewußten ausgesetzt ist, zu harmonisieren und zu vereinen. Das Unbewußte will ja beides, trennen und vereinigen. Bei seinen Einigungsversuchen darf der Mensch daher immer mit der Hilfe eines metaphysischen Anwaltes rechnen, wie schon Hiob dies klar erkannt hat. Das Unbewußte will ins Bewußtsein einfließen, um zum Lichte zu gelangen, und zugleich hindert es sich selber daran, da es lieber unbewußt bleiben möchte, das heißt, Gott will Mensch werden, aber nicht ganz. Der Konflikt in seiner Natur ist so groß, daß die Menschwerdung nur durch das sühnende Selbstopfer gegenüber dem Zorn der dunkeln Gottesseite erkauft werden kann.

Gott hat zuerst das Gute inkarniert, um damit, wie man vermuten darf, für die spätere Assimilation der anderen Seite eine möglichst widerstandsfähige Grundlage zu schaffen. Aus der Verhei-

---

[159] Der Gottesbegriff als die Idee einer allumfassenden Ganzheit schließt auch das Unbewußte ein, also im Gegensatz zum Bewußtsein auch die objektive Psyche, welche Absicht und Willen des Bewußtseins so oft durchkreuzt. Das Gebet zum Beispiel verstärkt das Potential des Unbewußten, daher die oft unerwarteten Wirkungen des Gebetes.

ßung des Parakleten dürfen wir den Schluß ziehen, daß Gott *ganz* Mensch werden, das heißt, in seiner eigenen dunkeln Kreatur – in dem von der Erbsünde nicht befreiten Menschen – sich wiedererzeugen und -gebären will. Der Apokalyptiker hat uns ein Zeugnis für das Weiterwirken des Heiligen Geistes im Sinne der fortschreitenden Menschwerdung hinterlassen. Er ist ein kreatürlicher Mensch, in welchen der dunkle Gott des Zorns und der Rache, ein ventus urens (sengender Wind), einbricht. (Dieser Johannes war vielleicht der Lieblingsjünger, dem in hohem Alter die Ahnung der zukünftigen Entwicklung zustieß.) Dieser verwirrende Einbruch erzeugt in ihm das Bild des göttlichen Knaben, eines zukünftigen Heilbringers, geboren von der göttlichen Gefährtin, deren Abbild in jedem Manne wohnt; des Kindes, das auch Meister Eckhart in der Vision erblickte. Er war es, der wußte, daß Gott in seiner Gottheit allein nicht selig ist, sondern in der Seele des Menschen geboren werden muß. Die Inkarnation in Christus ist das Vorbild, das durch den Heiligen Geist fortschreitend in die Kreatur übertragen wird.

Da sich unser Lebenswandel mit dem des Urchristen Johannes kaum vergleichen läßt, so kann bei uns neben dem Bösen noch allerhand Gutes einbrechen, namentlich in Hinsicht der Liebe. Einen so reinen Zerstörungswillen wie bei Johannes können wir bei uns deshalb nicht erwarten. In meiner Erfahrung habe ich derartiges nie beobachtet, gewisse schwere Psychosen und kriminelle Besessenheiten ausgenommen. Vermöge der geistigen Differenzierung in der Reformation, insbesondere der Entwicklung der Wissenschaften (die ja ursprünglich von den gefallenen Engeln gelehrt wurden), sind wir schon ansehnlich mit Dunkel gemischt und könnten uns neben der Reinheit der urzeitlichen (und auch noch späteren) Heiligen nicht mit Vorteil sehen lassen. Unsere relative Schwärze nützt uns natürlich nichts. Sie mildert zwar den Anprall böser Mächte, macht uns aber andererseits dafür anfällig und relativ widerstandsunfähig. Wir brauchen darum doch mehr Licht, Güte und moralische Kraft und müssen die unhygienische Schwärze, so gut es geht und soviel es möglich ist, abwaschen, sonst gelingt es nicht, den dunkeln Gott, der auch Mensch werden will, aufzunehmen und zugleich auszuhalten, ohne zugrunde zu gehen. Dazu bedarf es aller christlichen Tugenden, und nicht nur dieser – denn das Problem ist nicht nur moralisch –, sondern auch der *Weisheit,* die schon Hiob suchte. Sie war aber damals noch bei Jahwe verborgen beziehungsweise von ihm noch nicht wieder erinnert. Vom »unbekannten« Vater gezeugt und von der Sapientia geboren ist jener höhere und vollständige (teleios) Mensch, der unsere bewußtseinstranszendente Ganzheit in der Gestalt des puer aeternus – »vultu mutabilis albus et ater«[160] – darstellt. In diesen Knaben mußte sich Faust aus seiner aufgeblasenen Einseitigkeit, die den Teufel nur außen sah, herausverwandeln. Präfigurierend sagt Christus: »So ihr nicht werdet wie die Kinder...«, in denen die Gegensätze nahe beisammen liegen; nämlich der Knabe, der aus der Reife des Mannesalters geboren wird, nicht das unbewußte Kind, das man bleiben möchte. Vorausschauend hat Christus auch, wie oben erwähnt, das Prinzip einer Moral des Bösen angedeutet.

Fremd, unvermittelt, wie nicht hineingehörend erscheint das Sonnenweib mit seinem Kinde im Strome der apokalyptischen Visionen. Es gehört einer anderen, zukünftigen Welt an. Deshalb ist der Knabe, wie der jüdische Messias, vorderhand zu Gott entrückt, und seine Mutter muß sich auf lange Zeit in der Wüste verborgenhalten, wo sie aber von Gott ernährt wird. Denn das unmittelbar vorliegende Problem bedeutet noch längst nicht die Vereinigung der Gegensätze, sondern es handelt sich vielmehr um die Inkarnation des Lichten und Guten, um die Bändigung der concupiscentia (der Weltlust) und um die Festigung der civitas Dei im Hinblick auf den nach tausend Jahren erfolgenden Advent des Antichrists, der einerseits die Schrecken der Endzeit, nämlich die Epiphanie des zornigen und rächenden Gottes, ankündigt. Das in einen dämonischen Widder verwandelte Lamm eröffnet ein neues Evangelium, das Evangelium aeternum, welches, über die Liebe zu Gott hinaus, die *Gottesfurcht* zum Inhalt hat. Aus diesem Grunde schließt die Apokalypse, wie der klassische Individuationsprozeß, mit dem Symbol des Hierosgamos, der Hochzeit des Sohnes mit der Mutter-Braut. Die Hochzeit aber findet im Himmel statt, wo »nichts Unreines« eindringt, jenseits der verwüsteten Welt. Licht gesellt sich zu Licht. Das ist das Programm des christlichen Äons, das erfüllt werden muß, bevor Gott im kreatürlichen Menschen sich inkarnieren kann. Erst in der Endzeit wird sich die Vision vom Sonnenweibe erfüllen. In Anerkennung dieser Wahrheit und offensichtlich bewogen vom Wirken des Heiligen Geistes hat der Papst, sehr zum Erstaunen aller Rationalisten, das Dogma der *Assumptio Mariae* verkündet: Maria ist als die Braut mit dem Sohne und als Sophia mit der Gottheit im himmlischen Brautgemach vereinigt.[161]

---

[160] Von wandelbarem Aussehen, sowohl weiß als schwarz. (Horatius: Episteln, Bd. 2, S. 2.)

[161] Constitutio Apostolica »Munificentissimus Deus«, in: Acta Apostolicae Sedis, Commentarium officiale, § 21: »Oportebat sponsam, quam Pater desponsaverat, in thalamis caelestibus habitare.« (Es geziemte sich für die Braut, die der Vater versprochen hatte, in den himmlischen Gemächern zu wohnen.) – Johannes Damascenus: Encomium

Dieses Dogma ist in jeder Hinsicht zeitgemäß. Es erfüllt erstens figürlicherweise die Vision des Johannes,[162] spielt zweitens auf die endzeitliche Hochzeit des Lammes an und wiederholt drittens die alttestamentliche Anamnesis der Sophia. Diese drei Beziehungen sagen die Menschwerdung Gottes voraus; die zweite und dritte die Inkarnation in Christus,[163] die erste aber die im kreatürlichen Menschen.

18.

Auf den Menschen kommt es nun an: Ungeheure Macht der Zerstörung ist in seine Hand gegeben, und die Frage ist, ob er dem Willen, sie zu gebrauchen, widerstehen und ihn mit dem Geiste der Liebe und Weisheit bändigen kann. Aus eigener Kraft allein wird er dazu kaum fähig sein. Er bedarf dazu eines »Anwaltes« im Himmel, eben des zu Gott entrückten Knaben, welcher die »Heilung« und Ganzmachung des bisher fragmentarischen Menschen bewirkt. Was immer das Ganze des Menschen, das Selbst, an sich bedeuten mag, so ist es empirisch ein vom Unbewußten spontan hervorgebrachtes Bild des Lebenszieles, jenseits der Wünsche und Befürchtungen des Bewußtseins. Es stellt das Ziel des ganzen Menschen dar, nämlich das Wirklichwerden seiner Ganzheit und Individualität mit seinem oder gegen seinen Willen. Die Dynamis dieses Prozesses ist der Instinkt, der dafür sorgt, daß alles, was in ein individuelles Leben hineingehört, auch hineinkommt, ob das Subjekt dazu ja sagt oder nicht, oder ob es ihm bewußt wird, was geschieht, oder nicht. Es macht natürlich subjektiv einen großen Unterschied, ob man weiß, was man lebt, ob man versteht, was man tut und ob man sich für das, was man beabsichtigt oder getan hat, verantwortlich erklärt oder nicht. Was die Bewußtheit oder

in Dormitionem etc., Hom. II,14, in: Migne: Patr. graec. Bd. 96 col. 742. § 26: Vergleich mit der Braut des Hohenliedes. § 29: »... ita pariter ›surrexit et Arca sanctificationis suae, cum in hac die Virgo Mater ad aethereum thalamum est assumpta‹.« (So stieg zugleich die Arche auf, die er geheiligt hatte, als an diesem Tage die Jungfrau Mutter in ihr himmlisches Brautgemach aufgenommen wurde.) (Antonius von Padua: Sermones Dominicales ...)

[162] Constitutio Apostolica »Munificentissimus Deus«, in: Acta Apostolicae Sedis, Commentarium officiale, § 27: »Ac praeterea scholastici doctores non modo in variis Veteris Testamenti figuris, sed in illa etiam Muliere amicta sole, quam Ioannes Apostolus in insula Patmo (Apoc. 12,1 ff.) contemplatus est, Assumptionem Deiparae Virginis significatam viderunt.« (Und überdies sahen die scholastischen Gelehrten die Himmelfahrt der Jungfrau und Gottesgebärerin nicht nur in verschiedenen Gestalten des Alten Testamentes angedeutet, sondern auch in jenem mit der Sonne bekleideten Weibe, das der Apostel Johannes auf der Insel Patmos schaute.)

[163] Die Hochzeit des Lammes wiederholt die annuntiatio et obumbratio Mariae.

das Fehlen derselben ausmacht, hat ein Wort Christi umfassend formuliert: »... wenn du weißt, was du thust, bist du selig, wenn du es nicht weißt, bist du verflucht und ein Übertreter des Gesetzes.«[164] Unbewußtheit gilt vor dem Richterstuhl der Natur und des Schicksals nie als Entschuldigung; im Gegenteil stehen hohe Strafen auf ihr, darum sehnt sich alle unbewußte Natur nach dem Lichte des Bewußtseins, dem sie doch so sehr widerstrebt.

Gewiß konfrontiert uns die Bewußtmachung des Verborgenen und Geheimgehaltenen mit einem unlösbaren Konflikt; so wenigstens erscheint es dem Bewußtsein. Aber die aus dem Unbewußten in Träumen hervortretenden Symbole weisen auf die Konfrontation der Gegensätze hin, und die Bilder des Zieles stellen deren geglückte Vereinigung dar. Hier kommt uns eine empirisch feststellbare Hilfe von seiten unserer unbewußten Natur entgegen. Es ist die Aufgabe des Bewußtseins, diese Andeutungen zu verstehen. Wenn dies aber nicht geschieht, so geht der Individuationsprozeß dennoch weiter; nur werden wir ihm zum Opfer fallen und vom Schicksal zu jenem unvermeidlichen Ziele geschleppt, das wir aufrechten Ganges hätten erreichen können, hätten wir nur zu Zeiten Mühe und Geduld darauf verwendet, die numina des Schicksalsweges zu begreifen. Es kommt jetzt nur noch darauf an, ob der Mensch eine höhere moralische Stufe, das heißt, ein höheres Niveau des Bewußtseins zu erklimmen vermag, um der übermenschlichen Macht, die ihm die gefallenen Engel zugespielt haben, gewachsen zu sein. Er kann aber mit sich selber nicht weiterkommen, wenn er über *seine eigene Natur* nicht besser Bescheid weiß. In dieser Hinsicht herrscht leider eine erschreckende Ignoranz und eine nicht minder große Abneigung dagegen, das Wissen um das eigene Wesen zu mehren. Immerhin können sich heutzutage die unerwartetsten Köpfe nicht mehr der Einsicht verschließen, daß etwas mit dem Menschen in psychologischer Hinsicht geschehen *sollte*. Leider verrät das Wörtchen »sollte«, daß man nicht weiß, was tun, und den Weg nicht kennt, der zum Ziel führt. Man kann zwar auf die unverdiente Gnade Gottes, der unsere Gebete erhört, hoffen. Aber Gott, der unsere Gebete *nicht* erhört, will auch Mensch werden, und dazu hat er sich durch den Heiligen Geist den kreatürlichen Menschen mit dessen Dunkelheit ausersehen; den natürlichen Menschen, den die Erbsünde befleckt und den die gefallenen Engel die göttlichen Wissenschaften und Künste gelehrt haben. *Der schuldige Mensch ist geeignet und darum ausersehen, zur Geburtsstätte der fortschreitenden Inkarnation zu werden,* nicht der unschuldige, der sich der Welt vorenthält und den Tribut

---

[164] Codex Bezae Cantabrigiensis, hrsg. von Scrivener, zu Lukas 6,4, siehe oben, S. 78.

ans Leben verweigert, denn in diesem fände der dunkle Gott keinen Raum.

Seit der Apokalypse wissen wir wieder, daß Gott nicht nur zu lieben, sondern auch zu fürchten ist. *Er erfüllt uns mit Gutem und mit Bösem,* sonst wäre er ja nicht zu fürchten, und weil er Mensch werden will, muß die Einigung seiner Antinomie im Menschen stattfinden. Das bedeutet für den Menschen eine neue Verantwortlichkeit. Er kann sich jetzt nicht mehr mit seiner Kleinheit und Nichtigkeit ausreden, denn der dunkle Gott hat ihm die Atombombe und die chemischen Kampfstoffe in die Hand gedrückt und ihm damit die Macht gegeben, die apokalyptischen Zornschalen über seine Mitmenschen auszugießen. Da ihm sozusagen göttliche Macht geworden, kann er nicht mehr blind und unbewußt bleiben. Er muß um die Natur Gottes und um das, was in der Metaphysik vorgeht, wissen, damit er sich selbst verstehe und dadurch Gott erkenne.

19.

Die Verkündigung des neuen Dogmas hätte Anlaß zur Untersuchung der psychologischen Hintergründe geben können. Es war interessant zu sehen, daß unter den vielen Artikeln, die anläßlich der Deklaration von katholischer wie protestantischer Seite publiziert wurden, sich, soviel ich sah, nicht einer fand, der das unzweifelhaft mächtige Motiv, nämlich die populäre Bewegung und deren psychisches Bedürfnis irgendwie gebührend hervorgehoben hätte. Man hat sich im wesentlichen mit gelehrten dogmatisch-historischen Konsiderationen, die mit dem lebendigen religiösen Geschehen gar nichts zu tun haben, begnügt. Wer aber die in den letzten Jahrzehnten sich häufenden Marienerscheinungen aufmerksam verfolgte und sich über deren psychologische Bedeutung Rechenschaft gab, der konnte wissen, was im Tun war. Namentlich die Tatsache, daß es vielfach Kinder waren, welche die Visionen hatten, konnte zu denken geben, denn in derartigen Fällen ist immer das kollektive Unbewußte am Werke. Übrigens soll auch der Papst selber anläßlich der Deklaration mehrere Visionen der Gottesmutter gehabt haben. Man konnte schon seit geraumer Zeit wissen, daß ein tiefer Wunsch durch die Massen ging, die Fürbitterin und Mediatrix möge endlich ihren Platz bei der Heiligen Trinität einnehmen und als »Himmelskönigin und Braut am himmlischen Hofe« aufgenommen werden. Daß die Gottesmutter dort weile, galt zwar schon seit mehr als tausend Jahren als ausgemacht, und daß Sophia schon vor der Schöpfung bei Gott war, wissen wir aus dem Alten Testament. Daß der Gott durch eine menschliche Mutter Mensch werden will, ist uns aus der altägyptischen Königstheologie bekannt, und daß das göttliche Urwesen Männliches und Weibliches umfaßt, ist eine schon prähistorische Erkenntnis. Aber in der Zeit ereignet sich eine derartige Wahrheit erst, wenn sie feierlich verkündet oder wiederentdeckt wird. Es ist für unsere Tage psychologisch bedeutsam, daß im Jahre 1950 die himmlische Braut mit dem Bräutigam vereinigt wurde. Für die Deutung dieses Ereignisses kommt natürlich nicht nur das in Betracht, was die Bulle an Argumenten heranzieht, sondern auch die Präfiguration in der apokalyptischen Hochzeit des Lammes und in der alttestamentlichen Anamnesis der Sophia. Die hochzeitliche Vereinigung im Thalamos bedeutet den Hierosgamos, und dieser wiederum bildet die Vorstufe zur Inkarnation, das heißt zur Geburt jenes Heilbringers, der seit der Antike als filius solis et lunae, als filius sapientiae und als Entsprechung Christi galt. Wenn also ein Sehnen nach der Erhöhung der Gottesmutter durch das Volk geht, so bedeutet diese Tendenz, wenn zu Ende gedacht, den Wunsch, es möge ein Heilbringer, ein Friedensstifter, ein »mediator pacem faciens inter inimicos«[165] geboren werden. Obschon er im Pleroma immer schon geboren ist, kann seine Geburt in der Zeit nur dadurch zustande kommen, daß sie vom Menschen wahrgenommen, erkannt und erklärt (declaratur) wird.

Motiv und Inhalt der populären Bewegung, welche den Entschluß des Papstes zu der folgenschweren declaratio solemnis des neuen Dogmas mit veranlaßt hat, besteht nicht in einer *neuen* Gottesgeburt, sondern in der fortschreitenden Inkarnation Gottes, welche mit Christus angehoben hat. Mit historisch-kritischen Argumenten wird man dem Dogma nicht gerecht; man trifft sogar beklagenswert daneben, wie auch mit jenen unsachlichen Befürchtungen, denen die englischen Erzbischöfe Ausdruck verliehen haben: Erstens ist durch die Deklaration des Dogmas prinzipiell nichts an der seit über tausend Jahren bestehenden katholischen Auffassung geändert, und zweitens ist die Verkennung der Tatsache, daß Gott ewig Mensch werden will und darum durch den Heiligen Geist sich in der Zeit fortschreitend inkarniert, sehr bedenklich und kann nichts anderes besagen, als daß der protestantische Standpunkt, der sich in solchen Erklärungen äußert, ins Hintertreffen geraten ist, indem er die Zeichen der Zeit nicht versteht und das fortschreitende Wirken des Heiligen Geistes außer acht läßt. Er hat offenbar die Fühlung mit den gewaltigen archetypischen Entwicklungen in der Seele des Einzelnen wie der Masse

---

[165] Ein Mittler, der Frieden unter den Feinden stiftet.

und mit jenen Symbolen,[166] welche die wahrhaft apokalyptische Weltlage zu kompensieren bestimmt sind, verloren. Er scheint einem rationalistischen Historismus verfallen zu sein und das Verständnis für den Heiligen Geist, der im Verborgenen der Seele wirkt, eingebüßt zu haben. Er kann daher eine weitere Offenbarung des göttlichen Dramas weder begreifen noch zugeben.

Dieser Umstand hat mir, einem Laien in theologicis, Anlaß gegeben, zur Feder zu greifen, um meine Auffassung dieser dunklen Dinge darzustellen. Mein Versuch wird unterstützt durch die psychologische Erfahrung, welche ich auf einem langen Lebenswege geerntet habe. Ich unterschätze die Seele in keinerlei Hinsicht und bilde mir vor allem nicht ein, daß das psychische Geschehen durch Erklärung in eitel Dunst aufgelöst sei. Der Psychologismus stellt noch primitives magisches Denken dar, mit dem man hofft, die Wirklichkeit der Psyche wegzaubern zu können, etwa in der Art des Proktophantasmisten:

> Ihr seid noch immer da! nein, das ist unerhört.
> Verschwindet doch! Wir haben ja aufgeklärt!

Man wäre übel beraten, wollte man mich mit diesem kindischen Standpunkt identifizieren. Man hat mich aber so oft gefragt, ob ich an die Existenz Gottes glaube oder nicht, daß ich einigermaßen besorgt bin, man könne mich, viel allgemeiner, als ich ahne, für einen »Psychologisten« halten. Was die Leute meist übersehen oder nicht verstehen können, ist der Umstand, daß ich die Psyche für wirklich halte. Man glaubt eben nur an physische Tatsachen und muß damit zum Schluß kommen, daß entweder das Uran selber oder wenigstens die Laboratoriumsapparate die Bombe zusammengesetzt haben. Das ist ebenso absurd wie die Annahme, daß eine nichtwirkliche Psyche hiefür verantwortlich sei. Gott ist eine offenkundige psychische und nichtphysische Tatsache, das heißt sie ist nur psychisch, nicht aber physisch feststellbar. Ebenso ist diesen Leuten noch nicht eingegangen, daß Religionspsychologie in zwei scharf zu trennende Gebiete zerfällt, nämlich erstens in

---

[166] Die päpstliche Ablehnung des psychologischen Symbolismus dürfte sich daraus erklären, daß es dem Papste in erster Linie daran liegt, die Wirklichkeit des metaphysischen Geschehens zu betonen. Durch die allgemein vorherrschende Unterschätzung der Psyche wird nämlich jeder Versuch zu einem adäquaten psychologischen Verstehen von vornherein des Psychologismus verdächtigt. Vor dieser Gefahr muß verständlicherweise das Dogma geschützt werden. Wenn man in der Physik das Licht zu erklären versucht, so erwartet niemand, daß es dann kein Licht mehr gäbe. Von der Psychologie glaubt man aber, daß alles das, was sie erklärt, damit wegerklärt sei. Ich kann natürlich nicht erwarten, daß irgendeinem zuständigen Collegium mein besonderer, abweichender Standpunkt bekannt sei.

die Psychologie des religiösen Menschen und zweitens in die Psychologie der Religion beziehungsweise der religiösen Inhalte.

Es sind hauptsächlich die Erfahrungen auf letzterem Gebiete, welche mir mit den Mut gegeben haben, mich in die Diskussion der religiösen Frage und insbesondere in das pro et contra des Assumptionsdogmas zu mischen, welches ich, beiläufig gesagt, für das wichtigste religiöse Ereignis seit der Reformation halte. Es ist eine petra scandali für den unpsychologischen Verstand: Wie kann eine derart unbeglaubigte Behauptung wie die körperliche Aufnahme der Jungfrau in den Himmel als glaubwürdig hingestellt werden? Die Methode der päpstlichen Beweisführung ist aber für den psychologischen Verstand durchaus einleuchtend, denn sie stützt sich erstens auf die unerläßlichen Präfigurationen und zweitens auf eine mehr als tausendjährige Aussagetradition. Das Beweismaterial für das Vorhandensein des psychischen Phänomens ist daher mehr als ausreichend. Daß eine physisch unmögliche Tatsache behauptet wird, tut überhaupt nichts zur Sache, denn alle religiösen Behauptungen sind physische Unmöglichkeiten. Wären sie es nicht, so müßten sie, wie gesagt, in der Naturwissenschaft abgehandelt werden. Sie betreffen aber allesamt die *Wirklichkeit der Seele* und nicht die der Physis. Was aber den protestantischen Standpunkt insonderheit kränkt, ist die unendliche Approximation der Deipara an die Gottheit und die dadurch gefährdete Suprematie Christi, auf die sich der Protestantismus festgelegt hat, ohne sich dabei Rechenschaft darüber zu geben, daß die protestantische Hymnologie voll ist von Anspielungen auf den »himmlischen Bräutigam«, der nun auf einmal keine gleichberechtigte Braut haben soll. Oder hat man etwa den »Bräutigam« in psychologistischer Weise als bloße Metapher aufgefaßt?

Die Konsequenz der päpstlichen Deklaration ist nicht zu überbieten und überläßt den protestantischen Standpunkt dem Odium einer bloßen *Männerreligion, die keine metaphysische Repräsentation der Frau* kennt; ähnlich dem Mithraismus, welchem dieses Präjudiz sehr zum Nachteil gereicht hat. Der Protestantismus hat offenbar die Zeichen der Zeit, die auf die Gleichberechtigung der Frau hinweisen, nicht genügend beachtet. Die Gleichberechtigung verlangt nämlich ihre metaphysische Verankerung in der Gestalt einer »göttlichen« Frau, der Braut Christi. Wie man die Person Christi nicht durch eine Organisation ersetzen kann, so auch nicht die Braut durch die Kirche. Das Weibliche verlangt eine ebenso personhafte Vertretung wie das Männliche.

Durch die Dogmatisierung der Assumptio hat Maria allerdings den Status einer Göttin nach dogmatischer Ansicht nicht erreicht, obschon sie als Herrscherin des Himmels (im Gegensatz zum Fürsten des sublunaren Luftreiches, Satan) und mediatrix Christus, dem König und Mittler, funktionell so gut wie gleichwertig ist. Jedenfalls genügt ihre Stellung dem Bedürfnis des Archetypus. Das neue Dogma bedeutet eine erneuerte Hoffnung auf Erfüllung der die Seele im tiefsten bewegenden Sehnsucht nach Frieden und Ausgleich der drohend angespannten Gegensätze. An dieser Spannung hat jeder Anteil, und jeder erfährt sie in der individuellen Form seiner Unrast, und dies um so mehr, je weniger er eine Möglichkeit sieht, sie mit rationalen Mitteln zu beheben. Es ist daher kein Wunder, wenn in der Tiefe des kollektiven Unbewußten und zugleich in den Massen sich die Hoffnung, ja Erwartung einer göttlichen Intervention erhebt. Dieser Sehnsucht hat die päpstliche Deklaration tröstlichen Ausdruck verliehen. Wie konnte der protestantische Standpunkt daran vorbeisehen? Man kann dieses Unverständnis nur dadurch erklären, daß die dogmatischen Symbole und hermeneutischen allegoriae ihren Sinn für den protestantischen Rationalismus verloren haben. Dies gilt auch in gewissem Maße für die innerhalb der katholischen Kirche bestehende Opposition gegen das neue Dogma, respektive gegen die Dogmatisierung der bisherigen Doktrin. Ein gewisser Rationalismus steht allerdings dem Protestantismus besser an als der katholischen Einstellung. Diese läßt dem säkularen Entwicklungsprozeß des archetypischen Symbols freien Raum und setzt dieses in seiner ursprünglichen Gestalt durch, unbekümmert um Schwierigkeiten des Verständnisses und kritische Einwendungen. Hierin erweist die katholische Kirche ihren mütterlichen Charakter, indem sie den aus ihrer Matrix wachsenden Baum sich nach dem ihm eigentümlichen Gesetz entwickeln läßt. Der einem väterlichen Geiste verpflichtete Protestantismus dagegen hat sich nicht nur anfänglich aus einer Auseinandersetzung mit dem weltlichen Zeitgeist herausgebildet, sondern setzt auch die Diskussion mit den jeweiligen geistigen Zeitströmungen fort; denn das Pneuma ist, seiner ursprünglichen Windnatur gemäß, schmiegsam und stets in lebendigem Fluß, bald dem Wasser, bald dem Feuer vergleichbar. Es kann sich von seiner ursprünglichen Stätte entfernen, sich sogar verlaufen und verlieren, wenn es vom Zeitgeist allzusehr überwältigt wird. Der protestantische Geist muß, um der Erfüllung seiner Aufgabe zu genügen, unruhvoll und bisweilen unbequem, ja revolutionär sein, um der Tradition den Einfluß auf die Umwälzungen der weltlichen Anschauungen zu sichern. Die Erschütterungen, die er bei dieser Auseinandersetzung erleidet, verändern und beleben zugleich die Tradition, welche in ihrem langsamen, säkularen Prozeß ohne diese Störungen schließlich zur völligen Erstarrung und damit zur Unwirksamkeit gelangen müßte. Aus bloßer Kritik an gewissen Entwicklungen im katholischen Christentum und bloßer Opposition dagegen gewinnt aber der Protestantismus nur ein kümmerliches Leben, wenn er nicht, eingedenk der Tatsache, daß die Christenheit aus zwei getrennten Lagern oder – besser – aus einem uneinigen Geschwisterpaar besteht, sich darauf besinnt, daß er neben der Verteidigung seiner eigenen Existenz auch die Daseinsberechtigung des Katholizismus anerkennen muß. Ein Bruder, welcher der älteren Schwester den Lebensfaden aus theologischen Gründen abschneiden möchte, müßte mit Recht unmenschlich genannt werden – von Christlichkeit ganz zu schweigen – et vice versa. Eine bloß negative Kritik ist nicht konstruktiv. Sie ist nur in dem Maße berechtigt, als sie schöpferisch ist. Es schiene mir darum nützlich, wenn der Protestantismus zum Beispiel zugäbe, daß er vom neuen Dogma nicht nur darum schockiert ist, weil es die Kluft zwischen den beiden Geschwistern peinlich beleuchtet, sondern auch darum, weil innerhalb des Christentums sich eine Entwicklung aus schon lange vorhandenen Grundlagen ergeben hat, welche das Christentum überhaupt dem Bereiche weltlichen Verständnisses noch weiter entrückt, als dies schon bisher der Fall war. Der Protestantismus weiß – oder könnte es wissen –, wie viel seine Existenz der katholischen Kirche verdankt. Wie viel oder wie wenig besitzt der Protestant noch, wenn er nicht mehr kritisieren und protestieren kann? Angesichts des intellektuellen Skandalons, welches das neue Dogma bedeutet, sollte sich der Protestantismus seiner christlichen Verantwortung (»Soll ich meines Bruders Hüter sein?«) entsinnen und allen Ernstes untersuchen, welche Gründe, laut oder leise, für die Deklaration des neuen Dogmas maßgeblich waren. Man möge sich dabei vor billigen Verdächtigungen hüten und täte gut daran, anzunehmen, daß mehr und Bedeutsameres dahinter steckt als päpstliche Willkür. Es wäre wünschenswert, wenn der Protestantismus begriffe, daß durch das neue Dogma ihm eine neue Verantwortung vor dem weltlichen Zeitgeist zugewachsen ist, denn er kann seine ihm problematische Schwester vor der Welt nicht einfach desavouieren. Er muß ihr, auch wenn sie ihm unsympathisch ist, doch gerecht werden, wenn er seine Selbstachtung nicht verlieren will. Er könnte es zum Beispiel dadurch tun, daß er sich bei dieser günstigen Gelegenheit überhaupt einmal die Frage vorlegt, was nicht nur das neue Dogma, sondern alle mehr oder weniger dogmatischen Behauptungen jenseits ihres wortwörtlichen Konkretismus zu bedeuten haben. Da er mit seiner willkürlichen und schwankenden Dogmatik sowohl wie mit seiner losen und durch Spaltungen zerklüfteten Kirchenverfassung es sich nicht leisten kann, gegenüber dem Zeitgeist starr und unzugänglich zu bleiben und überdies, gemäß seiner Verpflichtung an den Geist, darauf angewiesen ist, sich mehr mit der Welt und ihren Gedanken auseinanderzusetzen als mit dem lieben Gott, so wäre es wohl angezeigt, daß er anläßlich des Einzugs der Gottesmutter ins himmlische Brautgemach an die große Aufgabe einer neuen Interpretation der christlichen Traditionen heranträte. Wenn es sich um Wahrheiten handelt, die zutiefst in der Seele verankert sind, woran niemand, der auch nur einen Schatten von Einsicht besitzt, zweifeln kann, so muß die Lösung dieser Aufgabe möglich sein. Dazu bedarf es der Freiheit des Geistes, die, wie wir wissen, nur im Protestantismus gewährleistet ist. Die Assumptio bedeutet für die historische und rationalistische Orientierung einen Schlag ins Gesicht und würde es für alle Zeiten bleiben, wenn man sich auf Argumente der Vernunft und der Historie versteifen sollte. Wenn je, so liegt hier der Fall vor, der ein psychologisches Verständnis erheischt, denn das zutage tretende Mythologem ist dermaßen offenkundig, daß es schon absichtlicher Blindheit bedarf, um dessen symbolische Natur, beziehungsweise Deutbarkeit, verkennen zu können.

Durch die Dogmatisierung der Assumptio Mariae wird auf den Hierosgamos im Pleroma hingewiesen, und dieser seinerseits bedeutet, wie gesagt, die zukünftige Geburt des göttlichen Kindes, welches, entsprechend der göttlichen Tendenz zur Inkarnation, den empirischen Menschen zur Geburtsstätte erwählen wird. Dieser metaphysische Vorgang ist der Psychologie des Unbewußten als *Individuationsprozeß* bekannt. Insofern letzterer in der Regel unbewußt verläuft, wie er dies schon immer getan hat, will er nicht mehr bedeuten, als daß eine Eichel zur Eiche und ein Kalb zur Kuh und ein Kind zum Erwachsenen wird. Wird aber der Individuationsprozeß bewußtgemacht, so muß zu diesem Zwecke das Bewußtsein mit dem Unbewußten konfrontiert und ein Ausgleich zwischen den Gegensätzen gefunden werden. Da dies logisch nicht möglich ist, so ist man auf *Symbole*, welche die irrationale Vereinigung der Gegensätze ermöglichen, angewiesen. Sie werden vom Unbewußten spontan hervorgebracht und vom Bewußtsein amplifiziert. Die zentralen Symbole dieses Prozesses beschreiben das *Selbst,* nämlich die Ganzheit des Menschen, der einerseits aus dem, was ihm bewußt ist, und andererseits aus den Inhalten des Unbewußten besteht. Das Selbst ist der teleios anthrōpos, der vollständige Mensch, dessen Symbole das göttliche Kind oder dessen Synonyme sind. Dieser hier nur summarisch skizzierte Prozeß läßt sich beim modernen Menschen jederzeit beobachten, oder man kann darüber in den Dokumenten der hermetischen Philosophie des Mittelalters nachlesen und wird über den Parallelismus der

Symbole erstaunt sein, wenn man beides kennt, die Psychologie des Unbewußten und die Alchemie.

Der Unterschied zwischen dem natürlichen, unbewußt verlaufenden und dem bewußtgemachten Individuationsprozeß ist gewaltig. In ersterem Falle greift das Bewußtsein nirgends ein; das Ende bleibt daher so dunkel wie der Anfang. In letzterem Falle dagegen kommt so viel Dunkles ans Licht, daß einerseits die Persönlichkeit durchleuchtet wird, andererseits das Bewußtsein unvermeidlich an Umfang und Einsicht gewinnt. Die Auseinandersetzung zwischen Bewußtsein und Unbewußtem hat dafür zu sorgen, daß das Licht, das in die Finsternis scheint, nicht nur von der Finsternis begriffen wird, sondern diese auch begreift. Der filius solis et lunae ist ebensowohl Symbol wie Möglichkeit der Gegensatzvereinigung. Er ist das A und Ω des Prozesses, der mediator und intermedius. »Habet mille nomina«, sagen die Alchemisten und deuten damit an, daß das, woraus der Individuationsprozeß kausal hervorgeht und worauf er hinzielt, ein namenloses ineffabile ist.

Daß die Gottheit auf uns wirkt, können wir nur mittels der Psyche feststellen, wobei wir aber nicht zu unterscheiden vermögen, ob diese Wirkungen von Gott oder vom Unbewußten kommen, das heißt, es kann nicht ausgemacht werden, ob die Gottheit und das Unbewußte zwei verschiedene Größen seien. Beide sind Grenzbegriffe für transzendentale Inhalte. Es läßt sich aber empirisch mit hinreichender Wahrscheinlichkeit feststellen, daß im Unbewußten ein Archetypus der Ganzheit vorkommt, welcher sich spontan in Träumen usw. manifestiert, und daß eine vom bewußten Willen unabhängige Tendenz besteht, andere Archetypen auf dieses Zentrum zu beziehen. Es erscheint daher nicht unwahrscheinlich, daß jener auch an sich eine gewisse zentrale Position besitzt, welche ihn dem Gottesbild annähert. Die Ähnlichkeit wird noch insbesondere dadurch unterstützt, daß der Archetypus eine Symbolik hervorbringt, welche von jeher schon die Gottheit charakterisierte und versinnbildlichte. Diese Tatsachen ermöglichen eine gewisse Einschränkung unseres obigen Satzes von der Ununterscheidbarkeit des Gottesbegriffes und des Unbewußten: Das Gottesbild koinzidiert, genau gesprochen, nicht mit dem Unbewußten schlechthin, sondern mit einem besonderen Inhalt desselben, nämlich mit dem Archetypus des Selbst. Dieser ist es, von dem wir empirisch das Gottesbild nicht mehr zu trennen vermögen. Man kann zwar arbiträr eine Verschiedenheit dieser beiden Größen postulieren. Das nützt uns aber gar nichts, im Gegenteil hilft es nur dazu, Mensch und Gott zu trennen, wodurch die Menschwerdung Gottes verhindert wird. Gewiß hat der Glaube recht, wenn er dem Menschen die Unermeßlichkeit und Unerreichbarkeit Gottes vor Augen und zu Gemüte führt; aber er lehrt auch die Nähe, ja Unmittelbarkeit Gottes, und es ist gerade die Nähe, die empirisch sein muß, soll sie nicht völlig bedeutungslos sein. Nur das, was auf mich wirkt, erkenne ich als wirklich. Was aber nicht auf mich wirkt, kann ebensogut nicht existieren. Das religiöse Bedürfnis verlangt nach Ganzheit und ergreift darum die vom Unbewußten dargebotenen Ganzheitsbilder, die, unabhängig vom Bewußtsein, aus den Tiefen der seelischen Natur aufsteigen.

20.

Es ist dem Leser wohl deutlich geworden, daß die im vorausgegangenen dargestellte Entwicklung symbolischer Größen einem Differenzierungsprozeß des menschlichen Bewußtseins entspricht. Da wir es aber bei den Archetypen, wie eingangs gezeigt, nicht nur mit bloßen Objekten der Vorstellung, sondern auch mit autonomen Faktoren, das heißt mit lebendigen Subjekten zu tun haben, so läßt sich die Bewußtseinsdifferenzierung als die Wirkung der Intervention seitens transzendental bedingter Dynamismen verstehen. In diesem Fall wären es dann die Archetypen, welche die primäre Wandlung vollziehen. Da es nun aber in unserer Erfahrung keine psychischen Zustände gibt, welche man *introspektiv* außerhalb eines Menschen zu beobachten vermöchte, so kann das Verhalten der Archetypen ohne Einwirkung des beobachtenden Bewußtseins überhaupt nicht erforscht werden, und darum kann auch die Frage, ob der Prozeß beim Bewußtsein oder beim Archetypus anfängt, nie beantwortet werden; es sei denn, daß man entweder, im Widerspruch zur Erfahrung, den Archetypus seiner Autonomie berauben, oder das Bewußtsein zur bloßen Maschine erniedrigen will. Man befindet sich aber mit der psychologischen Erfahrung in bester Übereinstimmung, wenn man dem Archetypus ein bestimmtes Maß an Selbständigkeit und dem Bewußtsein eine dessen Grad entsprechende schöpferische Freiheit zugesteht. Daraus entsteht dann allerdings jene Wechselwirkung zwischen zwei relativ autonomen Faktoren, welche uns zwingt, in der Beschreibung und Erklärung der Vorgänge bald den einen, bald den anderen Faktor als handelndes Subjekt auftreten zu lassen, und zwar selbst dann, wenn Gott Mensch wird. Dieser Schwierigkeit ist die bisherige Lösung dadurch entgangen, daß sie nur den einen Gottmenschen, Christus, anerkannte. Durch die Einwohnung der dritten göttlichen Person im Menschen, nämlich des Heiligen Geistes, entsteht eine Christifikation vieler, und dann erhebt sich das

Problem, ob diese vielen lauter totale Gottmenschen seien. Eine derartige Wandlung würde aber zu unleidlichen Kollisionen führen, ganz abgesehen von der unvermeidlichen Inflation, welcher die gewöhnlichen, von der Erbsünde nicht befreiten Sterblichen sofort erliegen würden. In diesem Falle tut man wohl gut daran, sich an Paulus und dessen Bewußtseinsspaltung zu erinnern: Einerseits fühlt er sich als von Gott unmittelbar berufenen und erleuchteten Apostel, andererseits als sündigen Menschen, der den »Pfahl im Fleisch« und den ihn plagenden Satansengel nicht loszuwerden vermag. Das heißt, selbst der erleuchtete Mensch bleibt der, der er ist, und ist nie mehr als sein beschränktes Ich gegenüber dem, der ihm einwohnt, und dessen Gestalt keine erkennbaren Grenzen hat, der ihn allseits umfaßt, tief wie die Gründe der Erde und weiträumig wie der Himmel.

Bibliographie der genannten Werke

Verweise auf Werke C. G. Jungs beziehen sich in der Regel auf die Ausgabe ›Gesammelte Werke‹ (siehe dazu die Übersicht der Ausgabe ›Gesammelte Werke‹ von C. G. Jung, S. 118 ff.) mit Bandzahl und Absatzzählung (§). Bibliographische Hinweise auf Werke C. G. Jungs, die nicht in den ›Gesammelten Werken‹ enthalten sind, finden sich in der folgenden Bibliographie der genannten Werke.

Acta Apostolicae Sedis, Commentarium officiale, Acta Pii PP. XII: Constitutio Apostolica »Munificentissimus Deus«. Annus XXXXII, series II, vol. XVII, S. 753–773.

Antonius von Padua: S. Antonii Patavini ... Sermones dominicales et in solemnitatibus. Herausgegeben von A. M. Locatelli, G. Munaron, G. Perin und M. Scremin. Patavii 1895 ff.

Die Apokryphen und Pseudepigraphen des Alten Testaments. Übersetzt und herausgegeben von Emil Kautzsch. Zwei Bände. Tübingen 1900. Neuauflage 1921.

Codex Bezae Cantabrigiensis. Herausgegeben von Frederick H. Scrivener. London und Cambridge 1864.

The Collected Works of C. G. Jung. Herausgegeben von Herbert Read, Michael Fordham und Gerhard Adler. New York 1953–1960.

Horatius, Quintus Flaccus: Episteln. Zwei Bücher. Lateinisch und Deutsch mit Erläuterungen von D. Ludwig Döderlein. Leipzig 1856–1858.

Johannes Damascenus: Encomium in Dormitionem etc. Hom II, 14. In: Migne, Jacques Paul: Patrologiae cursus completus. Series graeca. Paris 1857. Band 15. Col. 742–754. (Zitiert als Patr. graec.)

Jung, Carl Gustav: Aion. Untersuchungen zur Symbolgeschichte. Mit einem Beitrag von Marie Louise von Franz. Zürich 1951.

Neutestamentliche Apokryphen. Herausgegeben von Edgar Hennecke. Zweite Auflage. Tübingen 1924.

Ruska, Julius: Tabula Smaragdina. Ein Beitrag zur Geschichte der hermeneutischen Literatur. Heidelberg 1926.

Scholem, Gershom: Die jüdische Mystik in ihren Hauptströmungen. Rhein V. Zürich 1957.

Tertullianus, Quintus Septimus Florens: Adversus Judaeos. In: Migne, Jacques Paul: Patrologiae cursus completus. Series latina. Paris 1857. Band 2. Col. 595–642. (Zitiert als Patr. lat.)

Tertullianus, Quintus Septimus Florens: Apologeticus adversus gentes pro christianis. In: Migne, Jacques Paul: Patrologiae cursus completus. Series latina. Paris 1857. Band 1. Col. 257–536. (Zitiert als Patr. lat.)

Tertullianus, Quintus Septimus Florens: De testimonio animae. In: Migne, Jacques Paul: Patrologiae cursus completus. Series latina. Paris 1857. Band 1. Col. 681–692. (Zitiert als Patr. lat.)

Die zitierten Bibelstellen wurden folgender Bibel entnommen: Die Heilige Schrift des Alten und des Neuen Testaments. Im Auftrag der zürcherischen Kirchensynode herausgegeben vom Kirchenrat des Kantons Zürich. Zürich 1936.

Zitierte Schriften (mit Zitierweise):

Altes Testament:
Das erste Buch Mose: Genesis (Genesis)
Das zweite Buch Mose: Exodus (Exodus)
Das zweite Buch Samuel (Samuel)
Das Buch Hiob (Hiob)
Die Psalmen (Psalm)
Die Sprüche (Sprüche)
Der Prediger (Prediger)
Das Hohelied (Hohelied)
Ezechiel (Ezechiel)
Daniel (Daniel)
Sacharja (Sacharja)

Apokryphe Schriften:
Das Buch Jesus Sirach (Jesus Sirach)
Das Buch der Weisheit (Weisheit)
Das Buch Henoch (Henoch)

Neues Testament:
Das Evangelium nach Matthäus (Matthäus)
Das Evangelium nach Markus (Markus)
Das Evangelium nach Lukas (Lukas)
Das Evangelium nach Johannes (Johannes)
Die Apostelgeschichte (Apostelgeschichte)
Der Brief des Paulus an die Römer
Der erste Brief des Paulus an die Korinther (1. Korinther)
Der erste Brief des Johannes (1. Johannes)
Die Offenbarung des Johannes (Offenbarung)

Quellennachweis

›Antwort auf Hiob‹ erschien erstmals als Buchausgabe 1952 im Verlag Rascher, Zürich, und wurde seither mehrfach nachgedruckt (Walter-Verlag, Olten).
Der Text dieser Taschenbuchausgabe folgt:
›Gesammelte Werke‹ (GW), Band 11, herausgegeben von Marianne Niehus-Jung, Lena Hurwitz-Eisner, Franz Riklin, Lilly Jung-Merker, Elisabeth Rüf, Leonie Zander, 5., vollständig revidierte Auflage, Olten 1988, S. 363–471.

Übersicht der Ausgabe ›Gesammelte Werke‹ von C. G. Jung, erschienen im Walter-Verlag, Olten 1971–1990

Die mit * gekennzeichneten Texte sind enthalten in der C. G. Jung-Taschenbuchausgabe, Deutscher Taschenbuch Verlag, München. (** = Auszüge.)

1. Band (1966, 3. Aufl. 1981): Psychiatrische Studien
   Zur Psychologie und Pathologie sogenannter okkulter Phänomene (1902) *
   Über hysterisches Verlesen (1904)
   Kryptomnesie (1905)
   Über manische Verstimmung (1903)
   Ein Fall von hysterischem Stupor bei einer Untersuchungsgefangenen (1902)
   Über Simulation von Geistesstörung (1903)
   Ärztliches Gutachten über einen Fall von Simulation geistiger Störung (1904)
   Obergutachten über zwei widersprechende psychiatrische Gutachten (1906)
   Zur psychologischen Tatbestandsdiagnostik (1905)

2. Band (1979, 2. Aufl. 1987): Experimentelle Untersuchungen
   Experimentelle Untersuchungen über die Assoziationen Gesunder (Mit Franz Riklin) (1904)
   Analyse der Assoziationen eines Epileptikers (1905)
   Über das Verhalten der Reaktionszeit beim Assoziationsexperimente (1905)
   Experimentelle Beobachtungen über das Erinnerungsvermögen (1905)
   Psychoanalyse und Assoziationsexperiment (1905)
   Die psychologische Diagnose des Tatbestandes (1905)
   Assoziation, Traum und hysterisches Symptom (1906)
   Die psychopathologische Bedeutung des Assoziationsexperimentes (1906)
   Über die Reproduktionsstörungen beim Assoziationsexperiment (1907)
   Die Assoziationsmethode (1910)
   Die familiäre Konstellation (1910)
   Über die psychophysischen Begleiterscheinungen im Assoziationsexperiment (1907)
   Psychophysische Untersuchungen mit dem Galvanometer und dem Pneumographen bei Normalen und Geisteskranken (Mit Frederick Peterson) (1907)
   Weitere Untersuchungen über das galvanische Phänomen, Pneumographen und die Respiration bei Normalen und Geisteskranken (Jung und Ricksher) (1907)
   Statistisches von der Rekrutenaushebung (1906)
   Neue Aspekte der Kriminalpsychologie (1908)
   Die an der psychiatrischen Klinik in Zürich gebräuchlichen psychologischen Untersuchungsmethoden (1910)
   Ein kurzer Überblick über die Komplexlehre (1911)
   Zur psychologischen Tatbestandsdiagnostik (1937)

3. Band (1968, 3. Aufl. 1985): Psychogenese der Geisteskrankheiten
   Über die Psychologie der Dementia praecox (1907)
   Der Inhalt der Psychose (1908)
   Kritik über E. Bleuler: Zur Theorie des schizophrenen Negativismus (1911)
   Über die Bedeutung des Unbewußten in der Psychopathologie (1914)
   Über das Problem der Psychogenese bei Geisteskrankheiten (1919)
   Geisteskrankheit und Seele (1928)
   Über die Psychogenese der Schizophrenie (1939)
   Neuere Betrachtungen der Schizophrenie (1956)
   Die Schizophrenie (1958)

4. Band (1969, 3. Aufl. 1985): Freud und die Psychoanalyse
Die Hysterielehre Freuds (1906)
Die Freudsche Hysterietheorie (1908)
Die Traumanalyse (1909)
Ein Beitrag zur Psychologie des Gerüchtes (1910)
Ein Beitrag zur Kenntnis des Zahlentraumes (1910)
Morton Prince ›The Mechanism and Interpretation of Dreams‹ (1911)
Zur Kritik über Psychoanalyse (1910)
Zur Psychoanalyse (1912)
Versuch einer Darstellung der psychoanalytischen Theorie (1913)
Allgemeine Aspekte der Psychoanalyse (1913)
Über Psychoanalyse (1916)
Psychotherapeutische Zeitfragen (Briefwechsel mit R. Loy) (1914)
Vorreden zu ›Collected Papers on Analytical Psychology‹ (1916)
Die Bedeutung des Vaters für das Schicksal des Einzelnen (1909)
Einführung zu W. M. Kranefeldt ›Die Psychoanalyse‹ (1930)
Der Gegensatz Freud und Jung (1929, 1969)*

5. Band (1973, 5. Aufl. 1988): Symbole der Wandlung (1952)
(Neubearbeitung von ›Wandlungen und Symbole der Libido‹, 1912*)

6. Band (1960, 15. Aufl. 1986): Psychologische Typen (1921)**

7. Band (1964, 4. Aufl. 1989): Zwei Schriften über die analytische Psychologie
Über die Psychologie des Unbewußten (1943, 1966)
Die Beziehungen zwischen dem Ich und dem Unbewußten (1928, 1966)*
Anhang: Neue Bahnen der Psychologie (1912), Die Struktur des Unbewußten (1916)

8. Band (1967, 15. Aufl. 1987): Die Dynamik des Unbewußten
Über die Energetik der Seele (1928)
Die transzendente Funktion (1916)
Allgemeines zur Komplextheorie (1934)
Die Bedeutung von Konstitution und Vererbung für die Psychologie (1929)
Psychologische Determinanten des menschlichen Verhaltens (1936)
Instinkt und Unbewußtes (1928)
Die Struktur der Seele (1928)*
Theoretische Überlegungen zum Wesen des Psychischen (1947)
Allgemeine Gesichtspunkte zur Psychologie des Traumes (1928)*
Vom Wesen der Träume (1945)*
Die psychologischen Grundlagen des Geisterglaubens (1928)*
Geist und Leben (1926)*
Das Grundproblem der gegenwärtigen Psychologie (1931)*
Analytische Psychologie und Weltanschauung (1931)*
Wirklichkeit und Überwirklichkeit (1933)
Die Lebenswende (1931)*
Seele und Tod (1934)*
Synchronizität als ein Prinzip akausaler Zusammenhänge (1952)*
Über Synchronizität (1952)

9/I. Band (1976, 6. Aufl. 1985): Die Archetypen und das kollektive Unbewußte
Über die Archetypen des kollektiven Unbewußten (1935)*
Der Begriff des kollektiven Unbewußten (1936)*
Über den Archetypus mit besonderer Berücksichtigung des Animabegriffes (1936)*
Die psychologischen Aspekte des Mutterarchetypus (1939)*

Über Wiedergeburt (1940)
Zur Psychologie des Kindarchetypus (1940)*
Zum psychologischen Aspekt der Korefigur (1941)*
Zur Phänomenologie des Geistes im Märchen (1946)
Zur Psychologie der Trickstergfigur (1954)*
Bewußtsein, Unbewußtes und Individuation (1939)
Zur Empirie des Individuationsprozesses (1934)
Über Mandalasymbolik (1938)
Mandalas (1955)

9/II. Band (1976, 6. Aufl. 1985): Aion. Beiträge zur Symbolik des Selbst (1951)
Das Ich
Der Schatten
Die Syzygie: Anima und Animus
Das Selbst
Christus, ein Symbol des Selbst
Das Zeichen der Fische
Die Prophezeiung des Nostradamus
Über die geschichtliche Bedeutung des Fisches
Die Ambivalenz des Fischsymbols
Der Fisch in der Alchemie
Die alchemistische Deutung des Fisches
Allgemeines zur Psychologie der christlich-alchemistischen Symbolik
Gnostische Symbole des Selbst
Die Struktur und Dynamik des Selbst
Schlußwort

10. Band (1974, 3. Aufl. 1986): Zivilisation im Übergang
Über das Unbewußte (1918)
Seele und Erde (1931)*
Der archaische Mensch (1931)*
Das Seelenproblem des modernen Menschen (1928)*
Das Liebesproblem des Studenten (1928)
Die Frau in Europa (1927, 1965)
Die Bedeutung der Psychologie für die Gegenwart (1933)*
Zur gegenwärtigen Lage der Psychotherapie (1934)
Vorwort zu ›Aufsätze zur Zeitgeschichte‹ (1946)
Wotan (1936)
Nach der Katastrophe (1945)
Der Kampf mit dem Schatten (1946)
Nachwort zu ›Aufsätze zur Zeitgeschichte‹ (1946)
Gegenwart und Zukunft (1957)
Ein moderner Mythus: Von Dingen, die am Himmel gesehen werden (1958)
Das Gewissen in psychologischer Sicht (1958)
Gut und Böse in der analytischen Psychologie (1959)
Vorrede zu: Toni Wolff ›Studien zu C. G. Jungs Psychologie‹ (1959)
Die Bedeutung der schweizerischen Linie im Spektrum Europas (1928)
Der Aufgang einer neuen Welt (1930)
Ein neues Buch von Keyserling ›La Révolution mondiale et la responsabilité de l'esprit‹ (1934)
Komplikationen der amerikanischen Psychologie (1930)
Die träumende Welt Indiens (1939)
Was Indien uns lehren kann (1939)
Verschiedenes (Neun kurze Beiträge 1933–1938)

11. Band (1963, 5. Aufl. 1988): Zur Psychologie westlicher und östlicher Religion
Psychologie und Religion (1940)*
Versuch einer psychologischen Deutung des Trinitätsdogmas (1942)
Das Wandlungssymbol in der Messe (1942)*
Geleitwort zu Victor Withe: Gott und das Unbewußte (1952)
Vorrede zu Zwi Werblowsky: Lucifer und Prometheus (1952)
Bruder Klaus (1933)
Über die Beziehung der Psychotherapie zur Seelsorge (1932)*
Psychoanalyse und Seelsorge (1928)*
Antwort auf Hiob (1952)*
Psychologischer Kommentar zu: Das tibetische Buch der großen Befreiung (1955)
Psychologischer Kommentar zum Bardo Thödol (1935)
Yoga und der Westen (1936)
Vorwort zu Daisetz Teitaro Suzuki: Die große Befreiung (1939)
Zur Psychologie östlicher Meditation (1943)
Über den indischen Heiligen. Einführung zu Heinrich Zimmer: Der Weg zum Selbst (1944)
Vorwort zum I Ging (1950)

12. Band (1972, 5. Aufl. 1987): Psychologie und Alchemie (1944)**

13. Band (1978, 2. Aufl. 1982): Studien über alchemistische Vorstellungen
Kommentar zu ›Das Geheimnis der goldenen Blüte‹ (1929)
Die Visionen des Zosimos (1938)
Paracelsus als geistige Erscheinung (1942)
Der Geist Mercurius (1943)
Der philosophische Baum (1945)

14/I. Band (1968, 4. Aufl. 1984): Mysterium Coniunctionis (1955)
Die Komponenten der Coniunctio
Die Paradoxa
Die Personifikationen der Gegensätze

14/II. Band (1968, 4. Aufl. 1984): Mysterium Coniunctionis (1955)
Rex und Regina
Adam und Eva
Die Konjunktion

14/III. Band (1971, 3. Aufl. 1984): Mysterium Coniunctionis, Ergänzungsband
(Herausgegeben und kommentiert von Marie-Louise von Franz)
Aurora Consurgens

15. Band (1971, 4. Aufl. 1984): Über das Phänomen des Geistes in Kunst und Wissenschaft
Paracelsus (1929)*
Paracelsus als Arzt (1941)
Sigmund Freud als kulturhistorische Erscheinung (1932)*
Sigmund Freud (1939)
Zum Gedächtnis Richard Wilhelms (1930)
Über die Beziehung der Analytischen Psychologie zum dichterischen Kunstwerk (1922)*
Psychologie und Dichtung (1930)
›Ulysses‹ (1932)*
Picasso (1932)*

16. Band (1958, 4. Aufl. 1984): Praxis der Psychotherapie
    Grundsätzliches zur praktischen Psychotherapie (1935)
    Was ist Psychotherapie? (1935)
    Einige Aspekte der modernen Psychotherapie (1930)
    Ziele der Psychotherapie (1929)*
    Die Probleme der modernen Psychotherapie (1929)*
    Psychotherapie und Weltanschauung (1943)
    Medizin und Psychotherapie (1945)
    Die Psychotherapie in der Gegenwart (1945)
    Grundfragen der Psychotherapie (1951)
    Der therapeutische Weg des Abreagierens (1921)
    Die praktische Verwendbarkeit der Traumanalyse (1934)*
    Die Psychologie der Übertragung (1946)*

17. Band (1972, 5. Aufl. 1985): Über die Entwicklung der Persönlichkeit
    Über Konflikte der kindlichen Seele (1910)
    Einführung zu Frances G. Wickes ›Analyse der Kinderseele‹ (1931)
    Die Bedeutung der Analytischen Psychologie für die Erziehung (1923)
    Analytische Psychologie und Erziehung (1926)
    Der Begabte (1943)
    Die Bedeutung des Unbewußten für die individuelle Erziehung (1928)
    Vom Werden der Persönlichkeit (1934)*
    Die Ehe als psychologische Beziehung (1925)*

18/I. Band (1981): Das symbolische Leben
    Über Grundlagen der analytischen Psychologie (1935)
    Symbole und Traumdeutung (1961)*
    Das symbolische Leben (1939)
    Ergänzungen zu GW 1,3,4**

18/II. Band (1981): Das symbolische Leben**
    Ergänzungen zu GW 5,7–17

19. Band (1983): Bibliographie
    Die veröffentlichten Schriften von C. G. Jung (Originalwerke und Übersetzungen)
    Die Gesammelten Werke von C. G. Jung
    Die Seminare von C. G. Jung

20. Band: Gesamtregister
    (noch nicht erschienen)

Supplementband (1987): Kinderträume
(Herausgegeben von Lorenz Jung und Maria Meyer-Grass)
Vorlesungen 1936–1941

Register der Bibelstellen

Altes Testament

Genesis 3, 15: 44
- 5, 24: 72
- 6,3f.: 66
- 22: 64
Exodus 22, 29: 64
2. Samuel 1, 26: 7
- 5,23f.: 34
Hiob 1, 7: 21
- 2, 3: 36
- 9, 2–32: 15
- 9, 32: 30
- 10, 7: 15
- 13, 3: 15
- 13, 15: 15
- 13, 25: 15
- 16, 19–21: 15
- 19, 6: 15
- 19, 25: 15, 72
- 27, 2 u. 5f.: 15
- 28, 12: 42
- 34, 12: 15
- 34, 18f.: 15
- 38, 2: 24
- 38, 3: 26
- 39, 34f.: 14
- 40, 3f.: 27
- 40, 7–9: 27
- 40, 10 u. 14: 49
- 41, 25: 29
- 42, 2: 28
- 42, 3–6: 29
- 42, 7: 30
Psalm 82, 6: 76
- 89: 19, 21, 64, 73
- 89, 34–36: 17
- 89, 47–48 u. 50: 17
Sprüche 8, 22–31: 33
- 8, 29–30: 48
Prediger 9, 16: 36
Hohes Lied 4, 8: 35
- 4, 12–14: 35
- 5, 5: 35
Ezechiel 1, 18: 93
- 1, 25f.: 29
- 1, 26: 66
Daniel 7, 13: 66
Sacharja 4, 10: 19

Apokryphe Schriften zum Alten Testament

Jesus Sirach 24, 3–18: 34
- 24, 11 u. 18: 92
Weisheit 1,6: 35
- 1, 10: 19
- 1, 15: 35
- 2, 10–19: 36
- 6, 18: 35
- 7, 22–26: 35
- 7, 23: 35
- 8, 3: 35
- 8, 6: 35
- 8, 13: 35
- 9, 10 u. 17: 35
Henoch 7, 2: 67
- 7, 3–6: 67
- 9, 5–11: 68
- 22, 1–9: 68
- 40, 7: 69
- 46, 1–3: 70
- 47, 4: 70
- 48, 1: 70
- 48, 4 u. 6–7: 70
- 49, 1–3: 70
- 51, 1 u. 3: 71
- 51, 4: 71
- 54, 6: 71
- 58, 6: 71
- 60, 10: 71
- 71, 5–7: 71
- 71, 14: 71
- 71, 17: 71
- 87f.: 69

Neues Testament

Matthäus 6, 13: 56
- 19, 12: 89
- 26, 39: 63
Markus 3, 21: 54
Lukas 6, 4: 78, 104
- 10, 18: 55
- 16, 8: 41
Johannes 1, 3: 46
- 1, 5: 59
- 10, 34: 59

- 10, 35: 76
- 14, 6: 54
- 14, 12: 59, 76
- 14, 16: 59, 76
- 14, 26: 59
- 16, 13: 59

Apostelgeschichte 14, 11: 59

Römer 8, 17: 59

1. Korinther 2, 10: 62

1. Johannes 1, 5: 79
- 2, 1–2: 79
- 2, 18f.: 80
- 3, 9: 79
- 4, 1: 62
- 4, 3: 80
- 4, 7–21: 94

Offenbarung 1: 85
- 1, 16–17: 80
- 2, 5: 80
- 2, 20–28: 81
- 2, 27: 84
- 2, 28: 75
- 3, 3: 81
- 3, 19: 81
- 4, 3: 81
- 4, 6: 81
- 5, 6: 82
- 6, 10: 82
- 6, 16–17: 82
- 7, 4: 57
- 7, 9: 89
- 11, 19: 83
- 12, 1: 83, 103
- 12, 5: 84
- 12, 9: 85
- 12, 16: 86
- 14, 4: 89
- 14, 14 u. 17: 90
- 14, 20: 90
- 15, 6–7: 90
- 16, 1ff.: 90
- 18, 20: 91
- 18, 22f.: 90
- 19, 5: 90
- 19, 7: 91
- 19, 11: 85, 91
- 19, 13: 91
- 19, 15: 80, 91
- 19, 20: 57
- 20, 3: 91
- 20, 10: 91
- 21, 1f.: 91
- 21, 11: 92
- 21, 16–27: 92
- 22, 1–2: 92
- 22, 16: 75

Namenregister

Abel 38, 40, 45f., 51f., 56f., 67
Abraham 64
Adam 20, 37, 39f., 43f., 46f., 51, 59, 72, 86
Adonis 34f., 87
Ahriman 21
Ahuramazda 21
Angelus Silesius 95
Antonius von Padua 103
Apollo 83f.
Aquarius 91, 95
Asasel 67f., 71
Attis 34, 89
Balder 87
Barbelo 68
Barnabas 59
Behemoth 71
Böhme, Jacob 95
Buddha 54, 66
Christus 7, 45ff., 49, 52–63, 66, 72–81, 84ff., 88f., 91ff., 102ff., 106, 109, 113
Daniel 66, 68
David 17f., 21, 29, 34
Demiurg 19, 32
Dionysos 34, 50
Eckhart (Meister) 95, 101
Elias 73
Elihu 15
Elohim 20
Esau 46
Eva 37, 39, 43f.
Ezechiel 29, 65f., 68f., 71, 73, 75f., 80f., 92
Franz, Marie-Louise von 86
Gabriel 71
Henoch 67ff., 72f., 75ff., 80, 91
Hermes 59
Herostrates 96
Horaz 102
Horus 29, 83
Isaak 64

Isebel 81, 94
Ishtar 34
Jakob 46
Jared 72
Jesus siehe Christus
Johannes (der Apokalypse) 79f. 83–94, 96–101, 103
Johannes (Apostel) 93, 103
Johannes Damascenus 102
Judas 55
Kain 20, 38, 40, 45f., 57, 67
Kolorbas 68
Lamprecht, Karl 20
Leto 83f.
Leviathan 71
Lilith 39, 43
Lucifer 40, 50, 95
Luria 28
Maria 44, 46, 53, 75, 87, 102f., 108, 111
Mephisto 90
Michael 71
Mohammed 54
Noah 21, 68
Osiris 34, 84
Paulus 59, 78f., 114
Pegasus 91
Petrus 78
Phanuel 71, 75
Philo Judaeus 39
Phoebus 45
Pythagoras 54
Raphael 71
Ruska, Julius F. 84
Scheuchzer, Johann Jakob 41
Scholem, Gershom 28
Semjasa 67f., 92
Seraphim 69
Seth 20
Tammuz 34, 87
Tertullian 9, 59, 92

C.G. Jung – Taschenbuchausgabe

Herausgegeben von Lorenz Jung auf der Grundlage
der Ausgabe 'Gesammelte Werke' dtv 59016
Auch einzeln erhältlich

Die Beziehungen zwischen dem Ich und dem Unbewußten
dtv 35120
Ein Überblick über die Grundlagen der Analytischen Psychologie

Antwort auf Hiob
dtv 35121
In diesem Spätwerk wirft Jung Grundfragen der religiösen Befindlichkeit des Menschen auf.

Typologie
dtv 35122
Die vier "Funktionen" der Jungschen Typenlehre – Denken, Fühlen, Empfinden und Intuition – werden hier dem extravertierten und dem introvertierten Typus zugeordnet.

Traum und Traumdeutung
dtv 35123

Synchronizität, Akausalität und Okkultismus
dtv 35124
Jungs Beschäftigung mit dem Okkulten, auf der Suche nach den Tiefendimensionen des Unbewußten

Archetypen
dtv 35125

Wirklichkeit der Seele
dtv 35126
Eine Aufsatzsammlung zu Themenbereichen, die von der Analytischen Psychologie beeinflußt werden

Psychologie und Religion
dtv 35127
C.G. Jung beschreibt Religion als eine der ursprünglichsten Äußerungen der Seele gegenüber dem Göttlichen.

Psychologie der Übertragung
dtv 35128
Die Übertragung, einer der Zentralbegriffe der Analytischen Psychologie, wird hier umfassend erklärt.

Seelenprobleme der Gegenwart
dtv 35129
In dieser Aufsatzsammlung stellt Jung die Grundfragen der modernen praktischen Psychologie dar.

Wandlungen und Symbole der Libido
dtv 35130
Das zentrale Werk, mit dem sich C.G. Jung von Sigmund Freud löste

Arno Gruen
im dtv

Der Verrat am Selbst
Die Angst vor Autonomie
bei Mann und Frau

Heute aktueller denn je: der Begriff der Autonomie, der nicht Stärke und Überlegenheit meint, sondern die volle Übereinstimmung des Menschen mit seinen eigenen Gefühlen und Bedürfnissen. Wo sie nicht vorliegt – eher die Regel als die Ausnahme –, entstehen Abhängigkeit und Unterwerfung, Macht und Herrschaft. Ein Buch, das eine Grunddimension mitmenschlichen Daseins erfaßt.
dtv 35000

Der Wahnsinn der Normalität
Realismus als Krankheit:
eine grundlegende Theorie zur menschlichen Destruktivität

Arno Gruen legt die Wurzeln der Destruktivität frei, die sich viel öfter, als uns klar ist, hinter vermeintlicher Menschenfreundlichkeit oder »vernünftigem« Handeln verbergen. Er überzeugt durch die Vielzahl der Beispiele und schafft die Beweislage, daß dort, wo Innen- und Außenwelt auseinanderfallen, Verantwortung und Menschlichkeit ausbleiben.
dtv 35002

Falsche Götter
Über Liebe, Haß und die
Schwierigkeit des Friedens

»Ich meine nicht, daß man mit Politikern psychoanalytisch reden soll. Ich meine, daß man jemandem, der lügt, sagen soll, daß er lügt. Solange wir glauben, daß wir die Liebe dieser Leute benötigen, um erlöst zu werden, sind wir verloren. Wenn wir wieder lernen, andere Menschen auf eine natürliche Art empathisch wahrzunehmen, kann uns niemand mehr an der Nase herumführen.«
dtv 35059 (Januar 1993)